초등 디지털 미디어 리터러시

초판 1쇄 발행 2023년 4월 25일 **﹨초판 4쇄 발행** 2024년 12월 20일
글쓴이 김지훈 **﹨그린이** 홍지혜

펴낸이 이영선
책임편집 김문정
편집 이일규 김선정 김문정 김종훈 이민재 이현정
디자인 김희량 위수연
독자본부 김일신 손미경 정혜영 김연수 김민수 박정래 김인환
펴낸곳 파란자전거 **﹨출판등록** 1999년 9월 17일(제406-2005-000048호)
주소 경기도 파주시 광인사길 217(파주출판도시) **﹨전화** (031)955-7470 **﹨팩스** (031)955-7469
홈페이지 www.paja.co.kr **﹨이메일** booksea21@hanmail.net

ⓒ 김지훈·홍지혜, 2023
ISBN 979-11-92308-33-3 73070

파란자전거는 도서출판 서해문집의 어린이 책 브랜드입니다. 페달을 밟아야 똑바로 나아가는 자전거처럼 파란자전거는 어린이와 청소년이 혼자 힘으로도 바르게 설 수 있도록 도와줍니다.

어린이제품안전특별법에 의한 제품 표시
제조자명 파란자전거 **﹨제조국** 대한민국 **﹨사용연령** 10세 이상 어린이 제품
▲ **주의** 책의 모서리가 날카로우니 던지거나 떨어뜨려 나지지 않도록 주의하세요.
KC 마크는 이 제품이 공통안전기준에 적합하였음을 의미합니다.

슬기로운
사회생활 005

똑똑한 디지털 시민,
미디어 세상에서 길 찾기

초등 디지털 미디어 리터러시

김지훈 글 | 홍지혜 그림

파란자전거

추천의 말

현명하게 사용하고, 진실을 꿰뚫고, 위험과 함정을 피할 수 있는 든든하고 똑똑한 디지털 미디어 지도

    21세기 시민에게 디지털 미디어 리터러시는 글을 읽고 쓰기, 계산하기와 마찬가지로 안전하고 편리한 삶을 살아가기 위해 반드시 갖추어야 할 능력입니다. 디지털 세상에는 수많은 이용자와 플랫폼이 있고, 예측하지 못한 다양한 상황이 매 순간 펼쳐집니다. 그래서 우리는 디지딜 미디어가 무엇인지 제대로 알고, 책임감을 가지고 미디어를 이용하며, 스스로를 지킬 수 있는 디지털 미디이 사용 방법을 익혀야 합니다.

    이 책에서는 이런 능력을 잘 갖춘 디지털 시민이 되면, 미로와 같은 디지털 미디어 안에서 안전하게 지낼 수 있다고 말합니다. 하지만 디지털 미디어 리터러시를 배우지 않고, 미디어 속에서 길을 잃는다면 수많은 범죄에 노출될 수도 있다고 경고하지요.

　《초등 디지털 미디어 리터러시》라는 든든한 지도를 들고, 디지털 미디어 세계를 탐험해 보세요. 지도에는 미디어란 무엇인지, 뉴스, 유튜브, 온라인 커뮤니티와 소셜미디어를 현명하게 이용하는 방법은 무엇인지, 평소 생각하지 못했던 미디어의 진실은 어떤 것인지 자세히 적혀 있어요. 똑똑한 지도 덕분에 디지털 미디어 속에 숨은 위험과 함정을 피하는 방법도 알 수 있지요.

　함께 미디어 세계를 탐험할 준비가 되었나요? 책을 다 읽고 난 뒤에는 훌륭한 디지털 시민이 된 여러분을 발견할 수 있을 것입니다.

박유신
전국미디어리터러시교사협회 회장

글쓴이의 말

최고의 디지털 시민에게
우리 삶의 터전에서 안전하고 재미있게 살아가는 힘을 길러요!

    지구에 인류가 처음 나타난 것은 300만 년 전쯤이라고 합니다. 그때 인간은 동굴에 살며 직접 사냥하고, 열매를 따 먹었어요. 만약 그때의 인간이 지금 여러분의 생활을 본다면 어떻게 생각할까요? 네모난 스마트폰 터치 몇 번으로 음식을 주문하고, 멀리 떨어진 친구들과 소통하는 우리를 보면 "어머, 저건 분명 외계인이야!"라고 하지 않을까요?

    지금 우리 삶은 옛날 인간의 삶과 아주 많이 달라졌어요. 멀리 300만 년 전으로 돌아갈 것도 없이 고작 100년, 아니 겨우 10년 전과 비교해 보더라도 많이 바뀌었죠. 이제 이런 변화가 너무도 당연하다고 생각해 큰 차이를 못 느낄 수도 있지만, 스마트폰으로 친구와 영상 통화를 하고 앱으로 알림장을 확인하는 삶은 고작 10년 정도밖에 되지 않았습니다. 하지만 이 10년 동안 벌어진 변화는 이전 몇만 년의 변화보다 훨씬 빠르고 혁신적입니다. 이 변화의 핵심에는 바로 디지털 미디어가 있습니다. '디지털'은 영상이나 이미지, 글자, 소리를 0과 1로 표현하는 기술입니다. '미디어'는 중간에서 메시지를 전달한다는 의미가 있어요. 이 둘을 합친 '디지털 미디어'는 디지털 방식으로 메시지를 전달하는 것이죠.

미디어는 현대 삶에서 떼어 놓을 수 없어요. 알람을 울려 아침을 깨우는 휴대전화, 언제나 제시간에 나오는 뉴스, 친구의 소식을 듣고 소통하는 SNS, 심심함을 달래는 게임과 유튜브 모두 디지털 기술이 적용된 미디어예요. 우리는 이것들을 매일 사용하고요.

그런데 예전의 생활 방식이나 사고방식 그대로 지금의 미디어 세상을 살아갈 수 있을까요? 예전에는 좋아하는 연예인을 보기 위해 방송이 시작되는 시간에 TV를 켜야 했어요. 방송에 대한 의견을 남길 수도 없었죠. 하지만 이제는 언제든 내가 원하는 방송을 볼 수 있고, 내 의견을 댓글로 표현할 수 있어요. 또 SNS에 '전체 공개'로 사진과 내 정보를 올리면 지구 반대편에서도 내 개인 정보를 알 수 있죠. 이렇게 변화한 미디어 세상을 살아가려면 그에 맞는 생각과 행동, 즉 디지털 미디어 리터러시가 필요합니다.

'디지털 미디어 리터러시'는 디지털 미디어가 바꾼 지금 세상을 살아가는 데 꼭 필요한 능력이에요. 리터러시는 보통 글을 읽고 쓸 줄 아는 능력을 말하는데, 앞에 디지털 미디어가 붙었으니 디지털 미디어를 잘 읽고, 잘 쓸 줄 아는 능력이죠. 그러고 보면 디지털이나 미디어와 관련된 전문가에게만 필요한 것이 아니라 지금을 살아가는 모두에게 필요한 능력이에요. 이런 능력을 갖춘 사람을 디지털 '시민'이라고 부르는 이유이기도 합니다. 이 책에서는 디지털 미디어 리터러시를 간단히 '미디어 리터러시' 또는 '디지털 리터러시'로 표현하기도 했습니다. 굳이 '디지털 미디어'라고 하지 않아도 '미디어'라는 말에 '디지털 기술이 적용된 미디어', '디지털 시대의 미디어'라는 뜻이 포함되어 있기 때문이에요.

이 책은 여러분이 디지털 미디어 세상을 안전하고 재미있게 살아가기 위해 필요한 정보와 방법들로 가득합니다. 꼭 알아야 할 디지털 미디어

상식, 뉴스나 유튜브를 제대로 보는 방법, 허위 조작 정보를 걸러 내는 방법, SNS나 온라인 커뮤니티에서 사람들과 잘 지내며 소통하는 방법, 미디어 세상에서 나를 안전하게 지키는 방법 등을 알 수 있어요.

지금도 미디어 세상은 엄청난 변화를 겪고 있습니다. 메타버스나 NFT, 챗GPT 등 새로운 미디어 기술들이 뉴스를 장식합니다. 어쩌면 머지않아 이 기술들이 일상이 될지도 모릅니다. 그렇다고 불안해할 필요는 없어요. 디지털 미디어 리터러시는 위험을 기회로 바꾸기도 하고 완전히 새로운 변화를 이끌어 내기도 하니까요. 이 책을 읽고 리터러시를 잘 갖춘다면 새로운 미디어 세상에도 거뜬히 대처할 수 있고, 더 좋은 세상을 만들 수 있을 것입니다.

디지털 미디어는 우리 삶의 터전입니다. 디지털 미디어 리터러시는 디지털 미디어 세상을 안전하고 재미있게 살아가는 힘입니다.《초등 디지털 미디어 리터러시》와 함께 여러분 삶이 더욱 안전하고 재밌어지길 바랍니다.

차례

추천의 말 · 4
글쓴이의 말 · 6

미디어 세계에 오신 걸 환영합니다
13-44

우리가 사는 이곳이 미디어 세계 · 15
꼭 필요한 미디어 세계 · 31
배우고 알아야 할 미디어 세계 · 37

나도 디지털 시민
기사에서 팩트 체크하기 · 42

미디어 세계 탐험하기
45-88

뉴스 탐험하기 · 47
유튜브 탐험하기 · 58
온라인 커뮤니티 탐험하기 · 69
소셜미디어 탐험하기 · 77

나도 디지털 시민
기사를 만들어 봐요, 게이트키핑 · 85

미디어 세계 제대로 보기
89-124

- 미디어에 대한 오해 · 91
- 미디어에 속고 있어 · 101
- 미디어 속 편견과 혐오 · 108
- 자꾸만 늘어나는 미디어 속 범죄 · 116

나도 디지털 시민
좋은 콘텐츠를 가려내는 나만의 기준 만들기 · 121

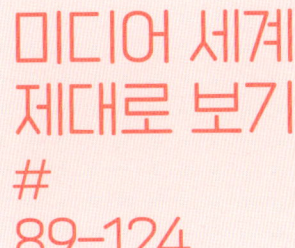

미디어 세계에서 길을 잃지 않는 법
125-168

- 리터러시와 디지털 시민 · 127
- 현명한 디지털 시민 · 132
- 안전한 디지털 시민 · 145
- 책임감 있는 디지털 시민 · 149

나도 디지털 시민
나는 어떤 크리에이터일까요? · 158
미디어 세계로의 새로운 출발 · 163
디지털 시민 체크리스트 · 165
디지털 시민증을 수여합니다 · 167

미디어 세계에 오신 걸 환영합니다

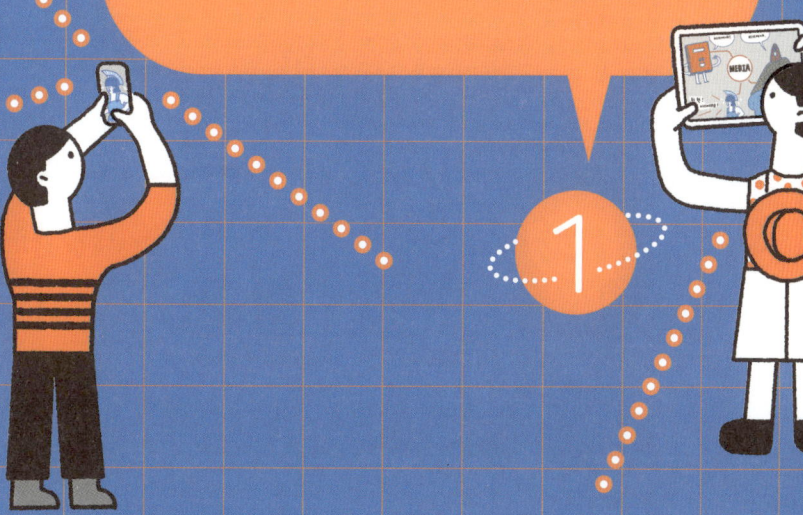

우리가 사는 이곳이 미디어 세계

미디어가 하나의 세계라고요?

오늘 아침 잠에서 깨어나 가장 먼저 한 일을 떠올려 보세요. 혹시 졸린 눈을 비비며 스마트폰을 확인하지는 않았나요? 여러분뿐만 아니라 많은 사람이 스마트폰을 곁에 두고, 아침부터 잠들기 전까지 확인해요. 하루의 시작과 끝을 스마트폰과 함께하죠.

스마트폰은 미디어 세계로 들어가는 통로예요. 사람들은 미디어 세계에서 메시지를 보내거나 좋아하는 연예인을 찾아보기도 합니다. 자연스럽게 스마트폰을 사용해 미디어 세계에 들어갔지만, 미디어라는 말은 아직 어렵다고요? 그럼 지금부터 알고 보면 정말 친숙한 세계, '미디어'에 대해 함께 알아봐요.

미디어는 '중간에서 메시지를 전달한다'는 의미가 있어요. 여기서 메시지는 의사소통뿐만 아니라 신호와 정보, 견해나 생각 등을 모두 포함해요. 미디어의 의미를 생각하면서 아래의 여러 활동 중 미디어를 사용한 것과 사용하지 않은 것을 구분해 보세요.

- ✦ 유튜브 영상에 댓글 남기기
- ✦ TV 시청하기
- ✦ 지하철에서 신문 보기
- ✦ 친구와 직접 만나 대화하기

유튜브, TV, 신문은 미디어를 사용했지만, 직접 만나 대화할 때는 미디어를 사용하지 않았어요. 누군가 유튜브와 TV에 메시지를 담아 영상으로 보내고, 누군가는 그 메시지를 받아요. 또 누군가는 신문에 뉴스를 담아 전달하고, 누군가는 그 뉴스를 읽죠. 이렇게 메시지를 전달하도록 중간에서 돕는 유튜브, TV, 신문을 미디어라고 해요.

친구와 직접 만나서 대화할 때는 중간에 미디어가 없어도 돼요. 하지만 스마트폰의 앱을 이용해 친구와 대화한다면 미디어가 필요해요.

이렇게 미디어는 메시지를 전달하는 도구인 동시에 사람과 메시지가 머무는 거대한 세계라고 할 수 있어요.

미디어 세계는 언제부터 있었나요?

요즘은 실제로 만나는 것보다 미디어를 통해 연락하고, 미디어를 통해 정보를 얻는 일이 많아졌어요. 그래서 미디어가 최근에 생겼다고 생각할 수 있지만, 미디어는 여러분이 태어나기 훨씬 전부터 있었어요. 심지어 고려 시대에 만들어진 미디어도 있어요. 이 미디어는 영국 방송사 BBC, 워싱턴 포스트, 월스트리트 저널 등 세계적인 언론이 '지난 천 년간 인류 문화에서 가장 중요한 발명'으로 꼽기도 했어요. 바로 금속 활자로 찍어 낸 《직지심체요절》이라는 책이에요.

책은 정보를 담아 여러 사람에게 전달하는 미디어예요. 《직지심체요절》은 불교의 가르침을 담아 책을 읽는 사람에게 전달하지요.

당시에 금속 활자는 획기적인 발명품이었어요. 예전에는 책을 만들 때 나무로 된 판에 글자를 새기고, 먹물을 묻혀 종이에 찍는 방식으로 만들었어요. 나무에 글자를 새기는 일은 아주 오래 걸렸고 여러 번 찍으면 뭉개지기도 했어요. 금속 활자는 금속으로 본을 떠 글자본을 만들고, 책의 내용에 따라 글자본만 바꾸어 판에 끼우면 되었어요. 작업이 훨씬 수월

해졌죠. 덕분에 책을 대량으로 만들 수 있었고, 더 많은 사람이 책을 볼 수 있게 되었어요.

산봉우리에 만들었던 봉수대도 오래된 미디어예요. 사람들은 상황에 따라 봉수대에 불을 피우는 개수를 달리하여 소식을 주고받았어요. 올림픽 마라톤의 유래에도 미디어의 역사가 남아 있어요. 한 아테네 병사가 40km를 쉬지 않고 달려 페르시아와의 전쟁에서 승리했다는 소식을 전했어요. 먼 길을 달려 승리의 메시지를 자기 나라에 전달했으니 그 병사가 곧 미디어라고 할 수 있지요.

미디어, 디지털 기술을 만나다

봉수대와 마라톤, 금속 활자로 이어져 온 미디어는 디지털 기술을 만나 크게 발전했어요.

디지털 기술은 전기를 사용해요. 그런데 이 전기 신호는 항상 신호가 '없다'와 '있다'로만 구분해요. 이 신호를 0(없다)과 1(있다)로 표현하면 디지털 신호가 되지요. 즉 디지털은 글자, 소리, 이미지 등을 0과 1로 표현하는 기술이에요. 디지털 기술은 사람의 목소리도 0과 1로 간단하게 바꿀 수 있어 동시에 여러 사람에게 전달할 수 있어요. 이 기술을 활용해 전화와 라디오 등 다양한 미디어가 만들어졌어요.

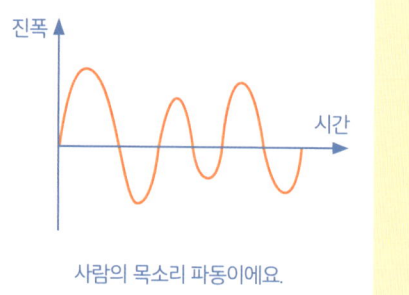
사람의 목소리 파동이에요.

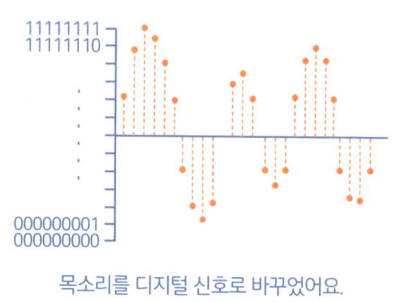
목소리를 디지털 신호로 바꾸었어요.

 이미지도 0과 1로 바꿀 수 있어요. 스마트폰으로 찍은 사진을 아주 크게 확대해 보면 픽셀이라고 하는 작은 네모를 볼 수 있어요. 그 네모의 위치와 색깔을 0과 1로 바꾸어 전달하면 이미지도 0과 1로 표현할 수 있답니다.

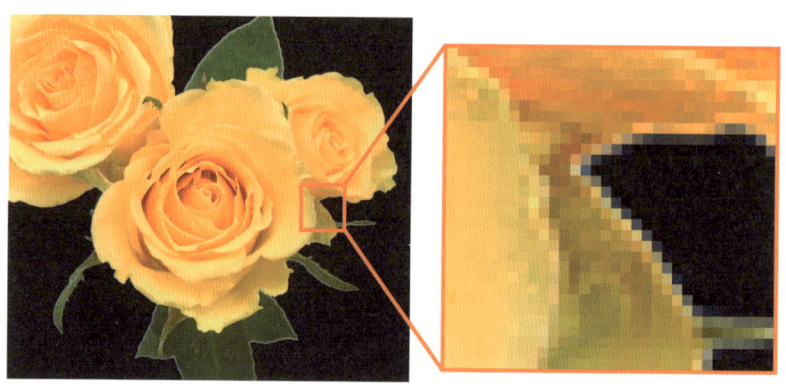
사진을 확대해 보면 작은 네모들이 모여 있는 것을 볼 수 있어요. 이를 '픽셀'이라고 하는데, 디지털 이미지를 구성하는 가장 작은 사각형의 점을 말해요. 보통 휴대전화 카메라로 찍은 사진 한 장에는 수천만 개 픽셀이 있다고 해요.

무엇이든 0과 1로 바꾸어 주는 디지털 기술 덕분에 미디어가 전달할 수 있는 메시지가 훨씬 다양해졌어요.

지금은 뉴미디어의 시대

디지털 기술이 발전하면서 많은 사람이 동시에 TV나 라디오를 통해 정보를 얻을 수 있게 되었어요. 이렇게 대중에게 한꺼번에 정보를 전달하는 미디어를 매스미디어라고 해요. 매스(mass)는 '대량의', '다수의'라는 뜻이에요. 그래서 매스미디어를 대중매체라고도 해요. 이제 사람들은 책보다 TV나 라디오를 좋아하고 즐겨요. 천 년이 넘는 시간 동안 가장 중요한 미디어였던 책이 매스미디어에게 자리를 내준 셈이죠.

디지털 기술이 발전하며 매스미디어 시대를 열었다면, 인터넷은 뉴미디어 시대를 열었어요. 뉴미디어는 매스미디어보다 종류도 다양하고, 우리 삶과 더욱 끈끈하게 연결되어 있어요. 네이버, 다음, 구글과 같은 포털 사이트나 카카오톡, 밴드, 블로그, 페이스북, 인스타그램, 유튜브, 틱톡 등이 모두 뉴미디어랍니다.

뉴미디어와 매스미디어는 사람들을 연결하는 방법에서 차이가 나요. TV나 라디오와 같은 매스미디어는 방송사에서만 제작할 수 있어요. 그렇게 제작한 방송은 전 국민에게 동시에 전달되지요. 하지만 반대로 시청자의 의견이나 생각은 제작자에게 전달하기 힘들었어요.

반면 뉴미디어는 인터넷을 사용하기 때문에 많은 사람을 쉽게 연결할 수 있어요. 누구나 미디어를 사용해 콘텐츠를 만들고, 시청자는 '좋아요'나 '댓글'로 자신의 의견을 자유롭게 표현할 수 있고요. 게다가 메시지나 콘텐츠가 인터넷이라는 가상 공간에 있기 때문에 시청자는 원하는 시간에 원하는 장소에서 시청할 수 있다는 장점도 있어요.

뉴미디어는 미디어 세계를 획기적으로 바꾸었어요. 청소년의 장래 희망에 유튜버가 등장했고, 사람들이 물건을 살 때 TV 광고보다 블로그나 온라인 커뮤니티에 개인이 올린 후기를 더 믿기도 해요. 친구와 직접 만

인터넷은 누가 처음에 사용했나요?

컴퓨터끼리 네트워크를 구성해 정보를 교환하는 인터넷은 군대에서 처음 사용했어요. 당시 군대에서는 적군의 정보를 저장하거나 미사일의 각도를 계산하는 것 모두 컴퓨터가 했어요. 그런데 전쟁 중에 컴퓨터가 망가지면 어떻게 될까요? 그 컴퓨터에 저장된 데이터를 모두 잃게 되고, 전쟁에서 질 수도 있어요.
이런 사고를 막기 위해 새로운 가상 공간을 만들고 데이터를 가상 공간에 저장하기 시작했어요. 이 가상 공간을 '네트워크(Network)'라고 해요.
유튜브도 네트워크의 한 종류예요. 다른 컴퓨터에서 업로드한 영상을 내 컴퓨터로 볼 수 있으니까요. 인터넷은 이런 네트워크들이 서로 그물처럼 연결되어 있어요.

나는 시간보다 소셜미디어나 메신저로 만나는 시간이 더 길어졌지요. 예전에는 TV 방송에서 보여 주는 예능만 보았다면, 이제는 내가 즐기고 싶은 오락거리를 유튜브에서 검색해 내 취향에 딱 맞는 콘텐츠를 즐기기도 해요.

점점 커지는 소셜미디어 세계

인구수 29억 명, 국토 면적은 무한대, 통치자가 없는 평등한 사회. 이 나라의 이름은 무엇일까요? 바로 뉴미디어 중 하나인 페이스북이에요. 2022년을 기준으로 페이스북의 이용자는 29억 명가량이라고 해요. 여러분도 페이스북을 사용하나요? 그렇다면 여러분도 페이스북 시민이에요. 페이스북에서는 이용자가 스스로 글이나 사진이나 영상을 업로드하고, 댓글을 남기거나 '좋아요'를 누를 수 있어요. 다른 사람에게 정보를 공유할 수도 있고요.

이렇게 사람과 사람을 연결해 주고, 그 속에서 정보나 의견을 공유할 수 있게 해 주는 미디어를 소셜미디어라고 해요. 소셜(social)은 '사회의', '사회적인'이라는 뜻이 있어요. 사회는 사람들이 모이는 것을 뜻하니까 소셜미디어란 사람들이 모이는 미디어예요. 페이스북이나 인스타그램, 트위터 모두 소셜미디어입니다.

유명인이 소셜미디어에 올린 게시물은 어마어마한 영향력을 발휘하기도 해요. 세계적인 축구 선수 크리스티아누 호날두가 한 스포츠 기업 제품 사진을 올렸는데, 사진 한 장 덕분에 해당 기업은 70억 원이 넘는 광고 효과를 보았다고 해요. 호날두의 팔로워가 2억 900만 명이 넘었기에 가능한 일이었죠.

누구나 게시물을 올릴 수 있기 때문에 많은 콘텐츠나 유행이 소셜미디어에서 생겨나고, 다시 소셜미디어를 통해 퍼져요. 이렇게 소셜미디어의 영향력은 점점 더 커지고 있답니다.

TV를 이긴 유튜브

사람들이 가장 많이 사용하는 뉴미디어는 무엇일까요? 통계 사이트 와이즈앱의 조사에 따르면 2021년 한국 사람이 가장 오래 사용한 미디어는 유튜브라고 해요. 1분 동안 유튜브에 업로드되는 영상을 모두 합하면 무려 500시간이라고 하니까, 이 문단의 첫 줄부터 여기까지 읽는 짧은 시간에 유튜브에는 500시간의 영상이 업로드된 셈이에요.

예전에는 여러 기업이 TV에 광고를 싣기 위해 많은 돈을 들였지만, 지금은 유튜브 광고에 주목하고 있어요. 사람들이 TV보다 유튜브를 더 많이 보기 때문이죠.

과거

나도 계속 기다렸어! 야구 봐야 한다고!

만화 볼 거예요.

리모컨 좀 줘 봐!

피이… 매일 싸워.

현재

자기 전에 뭘 볼까?

등산 채널 좋아!

보고 싶은 걸 언제나 마음껏!

우주 채널만 종일 봐야지.

그렇다면 유튜브는 어떻게 TV 방송을 이겼을까요? 먼저 여러분 집에 있는 TV의 대수와 사용하는 사람을 떠올려 보세요. 대부분 한 대의 TV를 모든 가족이 함께 볼 거예요. TV 한 대로 내가 보고 싶은 채널을 마음대로 보기는 쉽지 않아요. 각자 좋아하는 방송이 다르니까요. 하지만 유튜브는 스마트폰뿐만 아니라 인터넷이 연결되는 기기만 있다면 언제 어디서든 볼 수 있기 때문에 각자가 원하는 영상을 자신의 방에서 자유롭게 시청할 수 있어요. 좋아하는 방송의 시간대를 기다리는 수고로움도 없지요.

무엇보다 유튜브에는 볼거리가 많아요. TV 채널이 고작해야 몇백 개라면 유튜브 채널은 38억 개나 돼요. 그러다 보니 TV 방송에서 다루지 못하는 많은 주제를 유튜브에서 접할 수 있죠.

예전에는 TV 방송이 유행을 이끌었다면, 이제는 유튜브가 유행을 이끌어요. 연예인이 음식을 맛있게 먹고 평가하는 먹방이나 음식을 요리하는 쿡방도 유튜브에서 먼저 시작되었어요.

요즘은 TV 방송사가 앞다투어 공식 유튜브 채널을 만들어 운영해요. 방송에서 보여 주지 못한 비하인드 스토리를 유튜브에 올리거나 유튜브 전용 콘텐츠를 제작하기도 해요. 말 그대로 유튜브가 TV 방송을 이겼어요.

뉴미디어 다음은?

봉수대에서 금속 활자로, TV 방송과 같은 매스미디어에서 유튜브와 같은 뉴미디어로 변하듯 미디어는 계속 변하고 있어요. 그렇다면 뉴미디어 다음에는 어떤 새로운 미디어가 등장할까요? 사람들은 뉴미디어 다음에 올 미디어를 넥스트미디어(Next Media)라고 불러요. 넥스트미디어를 상상하려면 신기술에 주목해야 해요. 미디어의 변화 뒤에는 항상 기술의 발전이 있었기 때문이에요.

최근에는 '딥러닝'이라는 기술이 주목받고 있어요. 딥러닝은 로봇이 스스로 학습할 수 있게 하는 기술이에요. 이전에는 사람이 직접 로봇에 정보를 입력해야 했지만, 딥러닝 기술을 사용하면서 로봇은 수많은 정보를 스스로 익힐 수 있어요.

이 기술은 우리가 잘 알고 있는 로봇, 알파고에 사용되었어요. 딥러닝 기술을 익힌 알파고는 바둑 천재 이세돌 선수와 대결을 했어요. 이 대국이 성사되었을 때 대부분의 전문가는 이세돌 선수의 승리를 예상했어요. 바둑은 경우의 수가 워낙 많은 스포츠이기 때문에 아무리 성능이 좋은 인공지능 로봇이더라도 인간을 이기기는 힘들다고 생각했죠. 하지만 1:3으로 이세돌 선수가 알파고에게 지고 말았어요.

알파고에 쓰인 딥러닝 기술은 오래 훈련할수록 더 빨라지고 더 정확해지기 때문에 앞으로의 인공지능이 어디까지 성장할지 알 수 없어요. 이런 정보를 알게 된 사람들은 인공지능의 미래를 기대하기도 하고, 로봇이 세상을 지배할지 모른다며 두려워하기도 해요.

인공지능이 미디어에도 쓰이나요?

A
9일 마산구장에서 열린 2016 타이어뱅크 KBO리그 경기에서 NC 다이노스가 한화 이글스를 상대로 10 : 1 대승을 거뒀다. 3연승을 달린 NC는 4승 3패를 기록했다.

B
9일 마산구장에서 열린 NC와 한화와의 2016 타이어뱅크 KBO리그에서 NC가 손시헌을 시작으로 연이어 득점을 하면서 파죽의 대승을 거뒀다. NC는 13 안타, 2 홈런을 날리며 거침없이 질주했다.

　인공지능 기술은 미디어에도 다양하게 활용되고 있어요. 다음 기사 중 하나는 사람이 썼고, 또 하나는 로봇이 썼어요. 누가 쓴 건지 구분할 수 있나요?
　A가 사람이 쓴 기사고, B가 로봇이 쓴 기사예요. B 기사는 서울대학교 언론정보학과 hci+d lab에서 만든 '야알봇'이라는 야구 기사 전문 인공지능 로봇이 작성했어요. '연이어', '파죽의', '거침없이'라는 단어를 써

서 기사에 재미를 더했고, '질주했다'처럼 비유적 표현도 능숙하게 작성했어요.

방송 뉴스도 인공지능의 무대가 되었어요. 인공지능 아나운서는 인간과 달리 뉴스 내용에 감정적으로 흔들리지 않고, 어려운 외국어가 나오더라도 능숙하고 유창하게 발음할 수 있어요. 게다가 24시간 내내 방송할 수 있고, 지각하거나 실수할 일도 없어요.

인공지능은 엔터테인먼트 산업에도 적용되고 있어요. 인공지능 모델이 광고를 찍고, 노래를 하기도 하죠.

사람과 대화하는 인공지능도 있어요. 2022년 인공지능 챗봇 '챗GPT'가 공개되어 전 세계가 깜짝 놀랐어요. 빅데이터를 분석해 어떤 질문에도 능숙하고 자연스럽게 대답하는 것은 물론, 전문적인 내용도 술술 알려 줘요. 미국의 변호사 시험도 상위 10%의 성적을 받았을 정도로 똑똑하죠. 앞으로 판사나 변호사가 모두 인공지능으로 바뀌지는 않을까요? 하지만 챗GPT는 그럴듯하게 말하며 확률적으로 적절한 표현을 만들어 낼 뿐, 그것이 검증된 사실은 아니에요. 전문가들은 이것을 '환각'이라고 해요. 어쩌면 챗GPT가 미디어 세상을 온통 허위 정보로 물들일지도 몰라요. 그렇다고 챗GPT를 감옥에 가둘 수는 없어요. 챗GPT는 미디어 속에만 존재하니까요. 그러니 그것을 사용하는 우리가 어떻게 생각하고, 어떻게 판단할지가 중요해요.

중요한 소식을 전해요

국민 여러분, 정부는 코로나19 확산을 막기 위해 사회적 거리두기를 2.5단계로 상향하기로 결정하였습니다.

세상에는 꼭 전해야 할 소식들이 있어요. 2020년 1월 20일에 한국에서 코로나19 첫 확진자가 발생한 후, 코로나19 소식은 미디어를 통해 매일 세상에 전해졌어요. 사람들은 미디어를 통해 하루 확진자 수와 방역

수칙, 예방법 등을 알 수 있었어요.

뉴스는 중요한 사실을 정확하고, 신속하게 전달해야 하는 미디어예요. 그런데 중요한 소식이 뉴스로 보도되지 않으면 어떻게 될까요?

1986년, 당시 연방 공화국 소련이었던 우크라이나의 체르노빌 원자력 발전소가 폭발했어요. 소련은 사고 사실을 숨겼고, 체르노빌에 살던 많은 시민이 방사능에 그대로 노출되었어요. 이후에 폭발 현장을 수습했던 노동자는 목숨을 잃었고, 수십만 명의 주민이 암, 혈우병 등과 같은 질병에 시달려야 했어요. 만약 뉴스로 신속히 사고를 알렸다면 피해를 줄일 수 있었겠죠.

이런 일은 한국에도 있었어요. 1980년 5월 18일 광주에서 민주화 운동이 일어났어요. 당시 한국은 오랜 독재로 민주주의의 가치가 심각하게 훼손되어 있었어요. 1979년 10월 오랫동안 대한민국을 통치했던 박정희 대통령이 사망했고, 시민은 민주적인 대한민국을 꿈꾸며 한껏 기대에 부풀었어요. 하지만 전두환이 이끄는 군부 세력이 다시 정권을 잡았어요. 이에 시민은 전두환의 군부 세력이 물러날 것을 요구하며 민주화 운동에 나섰어요. 이때 군부 세력이 광주 시민을 폭력적으로 진압하면서 수많은 사람이 희생되었어요. 그러나 군부 세력은 자신들의 잘못이 들통날까 봐 언론 보도를 조작했어요. 신문 기사에는 민주화 운동을 '폭동'이라고 했고, 정부의 폭력은 정당화됐어요.

여전히 당시 희생자가 누구에 의해, 어쩌다 세상을 떠났는지 구체적으로 밝혀지지 않았어요. 지금까지도 진실을 찾기 위해 애쓰고 있죠. 사실을 전달해야 하는 뉴스가 제 역할을 하지 못한 대가는 이렇게 크답니다.

스스로 공부할 수 있게 해 줘요

뉴스가 중요한 사실을 신속하게 전달해야 하는 미디어라면, 여러 가지 지식과 노하우를 전달하는 미디어도 있어요. 이런 미디어를 잘 이용하면 언제 어디서든 혼자서도 새로운 것을 배울 수 있지요. '신발 끈 묶는 방법'처럼 사소한 정보도 검색만 하면 알 수 있고, 경제, 사회, 과학처럼 어렵고 복잡한 지식도 미디어를 통해 배울 수 있어요. 박물관이나 미술관에 전시된 작품들도 미디어를 통해 볼 수 있고요.

학교에 갈 수 없을 때는 e학습터나 EBS 방송으로 공부할 수 있어요. 해외에 있는 하버드대학이나 스탠퍼드대학처럼 유명 대학의 강의를 언제나 무료로 들을 수 있게 모아 놓은 사이트도 있지요. 예전에는 반드시 정해진 시간에 학교에 가야 공부할 수 있었지만, 이제는 자신의 공부 스타일에 따라 시간도, 장소도 선택할 수 있어요.

무언가를 배우겠다는 마음으로 미디어를 사용하기도 하지만, 여러 사람과 함께 소통하면서 다른 나라의 문화나 다른 세대의 특징을 자연스럽게 배우기도 해요.

재밌으니까 쓰죠

한국언론진흥재단이 십 대 청소년을 대상으로 자주 사용하는 미디어가 무엇인지 조사했어요. 그 결과 유튜브와 같은 온라인 동영상 서비스와 틱톡, 페이스북과 같은 소셜미디어가 가장 많았어요. 무려 절반 이상이 '매일 사용한다'고 대답했어요. 그 미디어를 왜 사용하는지 물었더니 '재밌어서'라고 응답한 청소년이 가장 많았어요. 뉴스처럼 정보를 얻거나 인터넷 강의처럼 공부를 위해 미디어를 찾기도 하지만, 사람들은 주로 '즐거움'을 위해 미디어를 사용해요.

우리는 미디어를 사용하면서 자유롭고 싶은 욕구, 휴식을 취하고 싶은 욕구, 사람들과 소통하고 싶은 욕구를 채우고, 만족감을 느낄 수 있어요. 시간 가는 줄 모르고 미디어 세계에 푹 빠지는 것도 즐겁고 만족하기 때문이에요.

사람들의 욕구에 맞추어 창의적인 콘텐츠가 만들어지고 새로운 기술이 개발되기도 해요. 화장하는 걸 좋아하는 사람들을 위해 뷰티 방송이 만들어지고, 음식을 좋아하는 사람들의 욕구를 채우기 위해 먹는 방송이 만들어지기도 하죠.

사람들의 욕구가 다양한 만큼 방송의 수는 점점 더 늘어나고, 각자의 취향에 맞는 콘텐츠를 골라 주는 서비스도 개발되었어요. 이제는 미디어가 친한 친구처럼 내 취향을 알고, 새로운 방송을 찾아 줘요.

나랑 생각이 같은 사람, 모여라!

내 주장을 많은 사람이 알고, 내 의견에 동의하면 여론이 만들어져요. 미디어는 여론을 만드는 가장 강력한 도구가 되었어요.

정부에서는 자유로운 여론 형성을 위해 국민제안이라는 사이트를 운영해요. 2018년에는 이와 비슷한 국민청원이라는 사이트가 있었는데, 여기에 음주 운전자를 강력하게 처벌해 달라는 글이 올라왔어요. 무려 40만 명이 그 의견에 동의했고, '음주 운전 한 사람은 더 엄격하게 처벌해야 해!'라는 여론이 형성되었어요. 몇 달 뒤, 음주 운전을 더 엄격하게 처벌하는 법이 통과되었어요. 미디어를 통해 여론이 만들어져 법까지 바꿨죠.

미디어는 사회적인 변화를 요구하는 목소리뿐만 아니라 취미나 관심거리가 비슷한 사람들을 모아 주기도 해요. 인터넷에 '축구'를 검색하면 축구를 좋아하는 사람들이 모인 미디어를 쉽게 찾을 수 있어요. 그곳에서 축구 기술을 공부하거나 축구와 관련된 여러 가지 정보를 알 수도 있고, 축구를 좋아하는 사람들과 대화할 수도 있어요.

하지만 미디어를 통해 커진 목소리가 사회의 갈등을 부추기기도 해요. 다수의 목소리가 커지면서 소수의 중요한 의견이 무시될 수도 있어요. 또 자신의 생각이 많은 사람의 의견인 듯 보이기 위해 댓글이나 조회 수, 추천 수를 조작하는 일도 있었어요. 결국 미디어는 여러 사람을 연결해 주고 생각을 모아 줄 뿐, 그것을 어떻게 사용할지는 인간의 몫이에요.

배우고 알아야 할 미디어 세계

미디어에 속고 있다고요?

우리는 미디어가 전달하는 사진이나 영상을 매일 봐요. 그런데 여러분이 미디어를 통해 알게 된 것은 모두 진짜일까요?

지금 산타클로스를 떠올려 보세요. 아마 흰 수염이 덥수룩하고, 빨간 옷을 입은 할아버지가 떠오를 거예요. 그런데 여러분이 떠올린 산타클로스는 진짜 산타클로스가 아니에요. 진짜 산타클로스는 동로마 제국의 한 마을에 살던 성 니콜라우스라는 성직자였어요.

성 니콜라우스

산타클로스

성 니콜라우스는 까무잡잡한 피부와 홀쭉한 볼을 가지고 있었어요. 하얗고 통통한 산타클로스와는 많이 다르죠.

그렇다면 우리가 알고 있는 산타클로스는 어떻게 생겨났을까요?

지금의 산타클로스는 1931년 콜라 회사가 만들었어요. 겨울철에 시원한 콜라가 잘 팔리지 않자, 회사를 상징하는 붉은색을 산타클로스에게 입혔어요. 그러고는 콜라의 흰 거품을 상징하는 흰 수염을 달고, 커다란 선물 보따리를 들고 하늘을 나는 산타클로스의 모습을 광고로 내보냈죠. 사람들은 이 광고를 보고, 광고에 나온 산타클로스의 모습을 진짜라고 믿었어요.

여러분이 떠올린 이미지는 대부분 방송이나 광고, 뉴스와 같은 미디어에서 본 장면이에요. 하지만 그것은 미디어가 보여 주는 모습일 뿐, 실제 모습이 아닐 수도 있어요.

우리는 매일 미디어를 통해 수많은 정보를 얻어요. 그런 정보 때문에 우리의 생각이나 판단이 달라질 수 있어요. 그래서 나라나 물건, 사람을 이해할 때 미디어에서 본 것만으로 생각하면 안 돼요. 우리가 모르는 수많은 이야기가 미디어 밖에 있을지도 모르니까요.

미디어가 감추는 게 있어요?

친구가 어제 먹은 치킨 맛을 설명해 주면 나는 그 맛을 완벽하게 알 수 있을까요? 치킨 맛을 아무리 자세히 설명해도 혀로 느낀 맛을 정확하게 표현할 수 없고, 듣는 사람도 그 맛을 똑같이 느낄 수는 없어요.

미디어도 마찬가지예요. 미디어는 세상의 모든 일을 똑같이 전달할 수 없어요. 광고는 짧은 글과 이미지로 상품에 대해 전달하고, 인터넷 기사는 글과 사진으로 정보를 전달해요. 유튜브는 동영상으로 메시지를 전달하죠. 그래서 광고나 인터넷 기사만 보고 실제 상품이나 기사 속 사건을 온전히 이해하기는 힘들어요.

2003년 3월, 이라크와 미국-영국 연합군은 전쟁 중이었어요. 그때 연

합군은 왼쪽 그림과 같은 사진을 기사로 내보냈어요. 미국-영국 연합군이 이라크 병사에게 자신의 물을 나누어 주는 모습이 보도되자, 사람들은 연합군의 따듯한 모습에 감동받았어요.

그렇다면 이라크 뉴스에는 어떻게 보도되었을까요? 이라크 뉴스에는 오른쪽과 같은 모습으로 보도되었어요. 고개를 젖힌 채 포박당한 이라크 병사와 머리 위로 총부리가 보여요. 이 사진을 보면 연합군의 무자비함, 이라크군의 절박함, 전쟁의 잔인함과 폭력성이 느껴져요.

이렇게 '뉴스'라는 미디어에서 어떤 부분을 선택하여 보여 주는가에 따라 사람들의 생각은 달라질 수 있어요.

그렇다면 원본 사진을 찾으면 미디어가 담은 세상을 제대로 이해할 수 있을까요? 그렇지 않아요. 결국 원본 사진도 카메라의 셔터를 누르는 그 순간, 카메라 렌즈에 비친 부분만 보여 줄 뿐, 그것이 실제 상황과 같을지는 누구도 알 수 없어요. 그래서

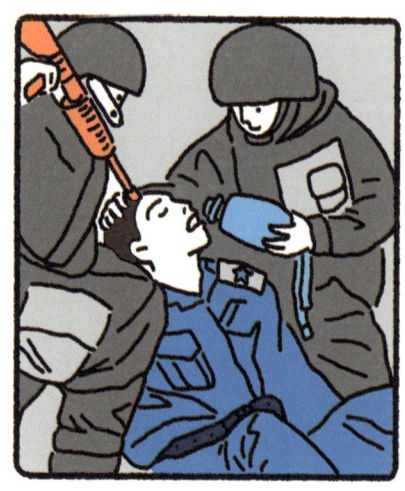

미디어가 보여 주는 대로 모두 믿어서는 안 돼요. 사람들은 미디어가 '선택한' 모습만 볼 수 있으니까요.

미디어를 배워요

기술이 엄청난 속도로 발전하면서 미디어의 종류는 더욱 다양해졌고, 예전보다 더 많은 사람이 미디어를 쓰게 되었어요. 이제는 누구나 미디어를 제작하고, 미디어를 통해 다른 사람과 소통할 수 있어요.

미디어로 인한 피해도 그만큼 늘어났어요. 미디어 속 잘못된 정보에 속거나, 디지털 범죄의 피해자가 되는 경우도 많죠.

최근에는 '미디어 리터러시' 능력이 중요해지고 있어요. 미디어 리터러시는 미디어를 올바로 읽고, 쓰는 능력이에요. 미디어를 잘 읽고, 쓰는 방법을 알면 미디어가 보여 주는 정보를 정확하고, 비판적으로 이해할 수 있어요. 또 미디어를 사용해 메시지를 효과적으로 표현하거나 사람들과 바르게 소통할 수 있어요.

지금부터 다양해진 미디어의 종류를 살펴보고 미디어 세계에서 사람들과 어떻게 연결되어 살아갈지 탐구해 봐요.

기사에서 팩트 체크하기

▶ 한 교실에서 일어난 사건을 다룬 기사입니다. 기사를 읽고, 이 교실에 대한 여러분의 생각을 점검해 보세요.

○○학교 어린이 신문

교실에서 공놀이하다 창문 부순 학생 A, 친구에게 도리어 '네가 뭘 알아!?'

지난주 우리 학교에서 한 교실의 창문이 깨지는 사건이 발생했다. 다행히 다친 학생은 없었지만, 교실에 있던 친구들이 창문이 깨지는 소리에 깜짝 놀랐고, 몇몇 친구들은 울음을 터뜨리기도 했다.

사건은 3교시 쉬는 시간 A 학생이 교실에서 공놀이하다가 벌어졌다. 목격자들에 따르면, A 학생이 친구와 공놀이하다가 손에서 공이 빠지면서 창문이 깨졌다고 한다. 깜짝 놀란 B 학생이 A에게 실내에서 공놀이하는 것을 나무라자 A는 "네가 뭘 알아?"라고 말했다. A의 뻔뻔하고 무책임한 모습으로 주위 친구들이 눈살을 찌푸렸다.
이 사건으로 모든 친구들이 깨진 창문을 피해 다른 교실로 이동했고, 깨진 유리 조각을 처리하느라 4교시 수업을 제대로 하지 못했다. 담임 선생님은 교실에서 공놀이를 한 학생과 따로 상담을 하기로 했다.

체크 사항	맞다	아니다	알 수 없다
❶ 교실에서 공놀이를 하던 중 창문이 깨졌다.			
❷ 창문을 부순 학생 A는 남자다.			
❸ 학생 A는 난폭하고 무책임하다.			
❹ 학생 A는 창문이 깨진 것이 자신의 잘못이라는 것을 인정하지 않았다.			
❺ 사건 당시에 선생님은 없었다.			
❻ 사건으로 사람이 다쳤다.			
❼ 이 학급은 평소 쉬는 시간에 매우 소란스럽다.			
❽ 이 학급의 선생님은 게으르고 책임감이 없다.			
❾ 이 교실에는 창문이 있다.			

생각해 봐요!

여러분의 생각이 정확한지 따져 보려면 기사 내용을 바탕으로 내가 함부로 추측하거나 예상한 것은 없는지 살펴보세요. 예를 들어 '학생 A는 남자다'라고 생각하진 않았나요? '공놀이를 좋아하니까 당연히 남학생이겠지!'라며 나도 모르게 가해자를 남학생이라고 생각했다면, 뉴스를 올바로 이해한 게 아니에요. 또 '실내에서 공놀이라니, 담임 선생님이 형편없네.'라고 생각했나요? 실제로 담임 선생님이 게으르고 책임감이 없을 수도 있지만, 이 뉴스만으로 판단하기는 어려워요. 오히려 담임 선생님이 학생을 안전하게 대피시켰고, 공놀이한 학생과 상담까지 하기로 했기 때문에 상황 판단이 빠르고 책임감이 강한 사람일 수 있어요. 이처럼 미디어를 이용할 때 미디어를 정확하게 이해하고 사용하는 능력은 매우 중요해요.

정답 ① 알 수 없다 ② 알 수 없다 ③ 알 수 없다 ④ 알 수 없다 ⑤ 알 수 없다 ⑥ 아니다 ⑦ 알 수 없다 ⑧ 알 수 없다 ⑨ 알 수 없다

미디어 세계 탐험하기

2

뉴스 탐험하기

뉴스를 만들려면 문턱을 넘어야 한다고요?

신문을 만들기 위해서는 취재, 인터뷰, 사진 촬영, 기사 작성 등 할 일이 많아요. 이런 일을 여러 명이 나누어서 하기도 해요. 텔레비전이나 인터넷 뉴스도 여러 사람의 손을 거쳐 세상에 보도돼요.

기사를 만들려면 먼저 사건을 찾아 취재할 사람이 필요해요. 이 사람을 '기자'라고 해요. 기자는 각종 사건과 사고를 빠르게 알기 위해 경찰서나 소방서를 찾아가기도 하고, 사회의 중요한 제도나 새로운 정책을 알

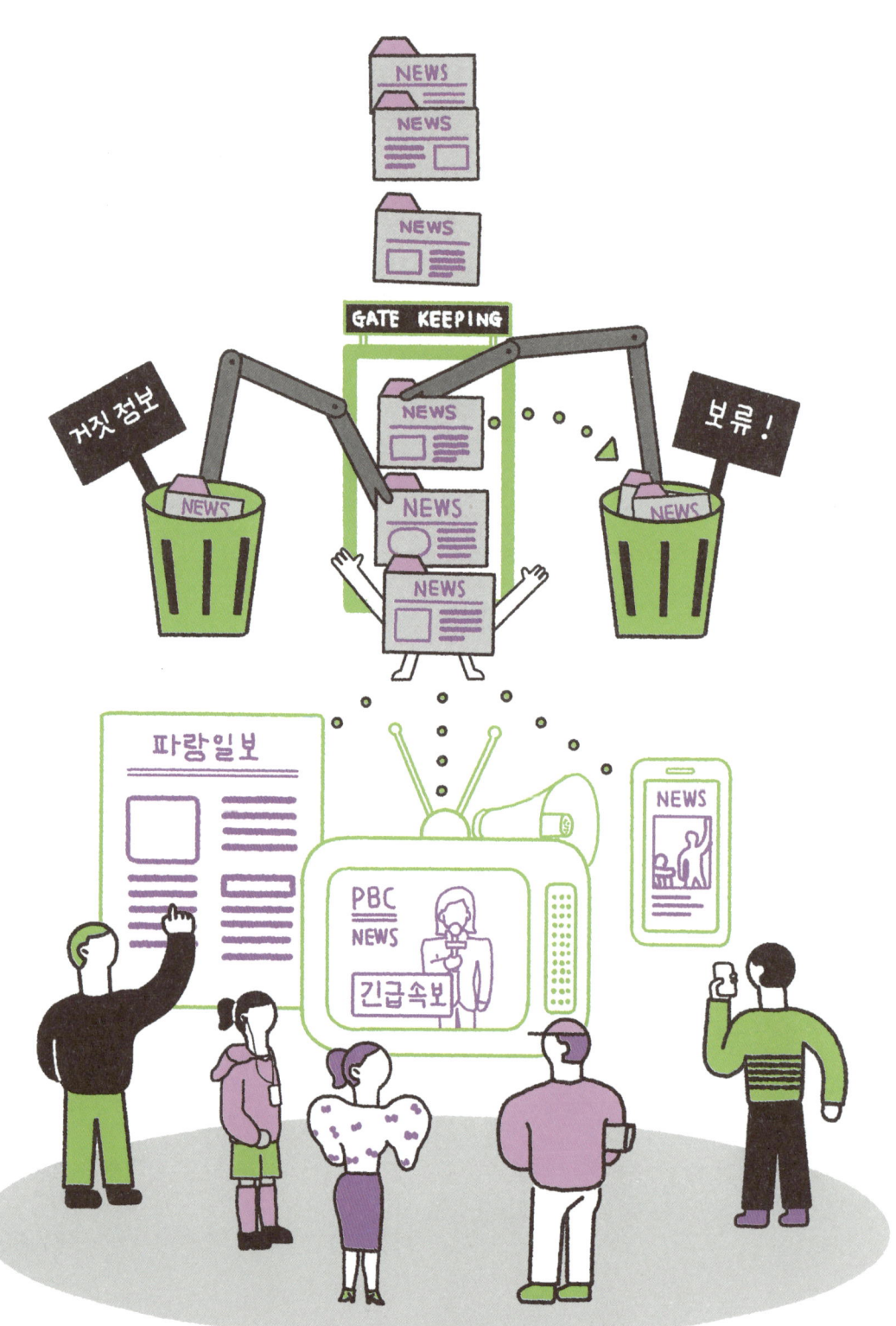

기 위해 국회나 정부 청사에서 지내며 기사를 쓰기도 해요. 생생한 장면을 담기 위해 사진 기자와 함께 다니기도 하지요.

이렇게 기자가 뉴스거리를 알아 오면 곧바로 기사가 될까요? 그렇지 않아요. 이 소식이 실제로 뉴스가 될 만한지 따져 보는 과정이 필요해요. 이 과정을 '게이트키핑(gate keeping)'이라고 해요. 게이트키핑은 혼자서 하지 않아요. 사건을 취재한 기자는 물론, 뉴스 PD(책임자)와 편집자가 모여 기사의 내용이 사실인지 검증하고, 기사의 중요도에 따라 보도할 순서를 함께 결정해요. 게이트키핑은 마치 문지기(gate keeper)처럼 여러 사건 중에 뉴스가 될 만한 사건을 골라 뉴스 보도의 문턱을 통과시켜요.

게이트키핑을 거쳐 보도한 기사는 다양한 모습으로 우리에게 전달돼요. 인터넷 기사나 신문 기사는 글로 전달하고, 카드 뉴스는 이미지 형태로 전달하고, 라디오 뉴스나 방송 뉴스는 음성과 영상으로 전달해요. 여러 사람의 손을 거쳐 검증된 뉴스가 이렇게 사람들에게 전달돼요.

뉴스가 되는 조건

여러 사람이 노력해서 만들었다면 모두 기사가 될까요? 〈오늘 아침, 초등학생 ○○양 미역국 먹다〉 이런 일까지 뉴스가 된다면 하루 종일 뉴스만 봐도 시간이 모자랄 거예요. 그렇다면 어떤 일이 뉴스가 될까요?

먼저 최근에 일어난 일이어야 해요. 오늘 아침 비가 온다는 소식은 중요한 뉴스가 되지만, 작년에 비가 왔다는 소식은 뉴스가 될 수 없어요. 둘째로 우리와 가까운 곳에서 일어난 일이어야 해요. 내가 사는 곳 가까이에서 정전이 발생했다면 큰 뉴스가 되겠지만, 먼 나라에서 정전이 발생했다면 크게 다루지 않아요. 셋째로 유명한 사람에 관한 소식은 뉴스가 돼요. 유명하지 않은 사람이 음주 운전을 한 건 뉴스에 나오지 않지만, 인기 연예인이나 유명한 정치인이 음주 운전을 했다면 크게 보도돼요. 넷째로 큰 사건일수록 뉴스거리가 돼요. 만약 누군가 쪽지 시험에서 부정행위를 했다면 뉴스로 보도되지는 않아요. 하지만 대학 입학이 결정되는 수능 시험이라면 중요한 뉴스로 보도돼요.

어떤 소식이 뉴스가 되기 위해 반드시 위의 네 가지 조건을 모두 만족

'부드러운 뉴스'라고요?

뉴스에 우선순위가 있는 건 분명하지만, 꼭 많은 사람에게 큰 영향을 미칠 만큼 중요한 사건과 사고만 뉴스가 되는 건 아니에요.
부드러운 뉴스는 심각하고 중대한 뉴스와는 반대로 가볍고 흥미로운 소식이나 사람들의 호기심을 불러일으키고 쉽게 읽을 수 있는 뉴스를 말해요. 매일 날씨를 알려 주는 일기 예보나 교통 상황 뉴스, 연예인 소식이나 스포츠 뉴스도 부드러운 뉴스죠.

해야 하는 것은 아니에요. 오늘 일어난 일이 아니고, 먼 곳에서 일어난 일이라도 우리에게 큰 영향을 미친다면 얼마든지 뉴스가 될 수 있어요.

뉴스의 조건은 뉴스의 종류에 따라 달라지기도 해요. 기상 뉴스나 교통 뉴스는 현재 상황을 빨리 전달해야 해서 '최근에 일어난 일인지'를 가장 우선으로 여기고, 기획 보도나 탐사 보도는 최근에 일어나지 않았더라도 중요한 사건에 시간을 들여 취재하기도 해요.

뉴스에도 생각이 들어가요?

2016년 3월 16일은 바둑 기사 이세돌 선수가 인공지능 알파고와의 바둑 대결에서 패배한 날이었어요. 그런데 언론사들이 내놓은 기사의 제목을 보면 그날의 분위기가 조금씩 달라 보여요.

바둑까지 정복한 인공지능, 인간의 품격 보여 준 이세돌
2016. 3. 16.

인간적인 이세돌 "알파고는 극복 가능 … 원 없이 즐겼다"
2016. 3. 16.

A 언론사는 "바둑까지 정복한 인공지능"이라고 하며 인공지능의 능력을 추켜세웠고, B 언론사는 "알파고는 극복 가능"이라며 알파고의 능력을 인간보다 낮게 표현했어요. 왜 이런 일이 일어날까요?

뉴스에는 뉴스를 만드는 사람들의 생각이 들어가기 때문이에요. 게이트키핑을 할 때 뉴스의 제목과 내용도 함께 결정하는데, 이때 생각과 의견이 들어가요. 때로는 이러한 생각과 의견 차이가 언론사마다 너무 달라서 갈등을 빚기도 해요.

2016년 우리나라에 새로운 공항을 어디에 건설할지를 두고 부산 가덕도와 경남 밀양이 치열하게 경쟁했어요. 두 지역은 서로 자기 지역이 공항을 건설하기에 적절하다고 주장했지요. 이 사건에 대해 지역 언론사들도 앞다투어 보도했는데, 뉴스의 제목이나 뉴스의 내용이 정반대였어요.

가덕도 지역의 C 언론사는 밀양에는 산봉우리가 많아 공항으로서 매우 위험하고, 가덕도는 주변에 산이 없고 활주로가 바다로 이어져 시야도 넓기 때문에 더 안전하다고 보도했어요. 반면에 밀양 지역의 D 언론사는 가덕도의 활주로가 주변 공항과 가까워 사고 위험이 크고, 밀양은 산봉우리를 깎는 공사만 하면 오히려 더 안전하다고 보도했어요.

두 언론사의 주장이 완전히 반대지만, 보도한 내용은 모두 분명한 사실이었어요. 가덕도와 밀양 모두 공항으로서 장점과 단점을 갖고 있으니까요. 하지만 언론사들은 게이트키핑 과정에서 자신에게 유리한 사실만 보도했어요.

뉴스에는 어떤 사실을 어떻게 보도할지 언론사의 '생각과 의견'이 들어가기 마련이에요. 그래서 언론사들이 무엇을 중요하게 생각하는지에 따라 같은 사건도 다르게 보도될 수 있어요. 그러니 뉴스 그대로가 정답이라는 생각 대신 사실을 잘 파악해 자신의 생각을 정리해 보면 어떨까요?

언론에도 자유가 필요해요

언론사마다 다른 '생각과 의견'을 담아 뉴스를 내보낼 수는 있지만, 모두 '사실'을 바탕으로 해야 해요. 하지만 바탕이 되는 사실을 마음껏 쓸 수 없다면 문제가 생겨요. 만약 언론사가 자유롭게 취재할 수 없거나, 취재한 뉴스를 내보낼 수 없다면 어떨까요?

1980년대 사람들은 당시 뉴스를 '땡전 뉴스'라고 했어요. TV에서 오후 9시를 알리는 종이 땡! 하고 울린 뒤, "전두환 대통령은~"이라는 말을 하며 뉴스가 시작되었기 때문이에요. 이 시기의 정부는 대통령이 하는 일을 최우선으로, 또 보기 좋게 보도하도록 언론사에 요구했어요. 언론사는 사실을 감추고, 꾸며 낸 모습을 보도해야 했죠.

그러던 중 1983년 9월 1일 대한민국 여객기가 소련군의 미사일에 격추되는 사건이 있었어요. 무려 250여 명이 사망한 중대한 사건이었어요. 해외에서도 크게 보도했지만, 이날 한국 내 뉴스는 전두환 대통령의 이야기를 첫 소식으로 보도했어요. 심지어 그날 땡전 뉴스는 '전두환 대통령이 아침 일찍 청소했다'는 내용이었어요.

언론은 사회 여러 곳에 잘못된 일은 없는지 감시하는 역할을 해요. 그런데 이 언론을 누군가 마음대로 조종하면 중요한 소식이 시민에게 전달되지 못하고, 결국 잘못된 일을 감시하지 못하게 돼요. 그래서 언론이 뉴스를 자유롭게 취재하고, 보도하는 일은 모두에게 아주 중요해요.

자유에는 책임이 뒤따르는 법!

언론의 자유는 무척 중요하지만, 함부로 사용해서는 안 돼요. 하지만 표현의 자유라는 이름 아래 자극적인 제목을 지어 사람들을 속이는 언론사도 있고, 미디어에 퍼진 내용을 검증하지 않고 보도하는 언론사도 있어요. 이렇게 검증이 되지 않은 기사 때문에 누군가는 오해를 받고, 악플에 시달리기도 하죠.

모든 자유에는 책임이 뒤따라요. 언론의 자유를 누리기 위해 언론이 꼭 지켜야 할 책임을 '언론 윤리'라고 해요. 최근에 언론의 자유를 함부로 사용하는 일이 늘자, 한국 언론인들이 모여 새로운 미디어 환경에 맞는 언론윤리헌장을 다시 제정했어요. 이 헌장에는 아홉 가지 지켜야 할 약속이 있어요.

언론윤리헌장

- 진실을 추구한다.
- 투명하게 보도하고 책임 있게 설명한다.
- 인권을 존중하고 피해를 최소화한다.
- 공정하게 보도한다.
- 독립적으로 보도한다.
- 갈등을 풀고 신뢰를 북돋우는 토론장을 제공한다.
- 다양성을 존중하고 차별에 반대한다.
- 품위 있게 행동하며 이해 상충을 경계한다.
- 디지털 기술로 저널리즘의 가능성을 확장한다.

결국 언론윤리헌장이 생각하는 최고의 가치는 올바른 정보를 정확하고 공정하게 전달하고, 더 좋은 세상을 만드는 거예요.

점점 진화하는 뉴스

방송이나 신문에서 전하는 뉴스의 모습에는 정해진 틀이 있었어요. 방송 뉴스는 아나운서가 먼저 기사 내용에 대해 소개하고, 뒤이어 기자가 나와 해당 내용을 전달해요. 신문 기사는 굵고 큰 글씨로 기사 제목이 있고 작은 글씨로 기사 내용이 적혀 있어요. 중요한 기사라면 사진이 들어가는 경우도 있지요.

그런데 기술이 발전하면서 사람들은 방송 뉴스나 신문 기사를 주로 스마트폰을 통해 보기 시작했어요. 처음에 언론사들은 기존의 뉴스 형태를 그대로 스마트폰에 옮겨 놓았어요. 하지만 인터넷에 기사가 쏟아지면서 읽는 사람의 시선을 끌고, 더 쉽게 볼 수 있도록 뉴스 형태를 새롭게 바꾸었어요. 대표적으로 스마트폰용 카드 뉴스가 있어요. 스마트폰은 신문에 비해 크기가 작기 때문에 한 화면에 기사의 내용을 모두 넣기 힘들었어요. 이런 문제를 보완하기 위해 언론사에서는 스마트폰 화면 크기에 맞춘 카드 형태의 이미지에 기사 내용을 요약해 넣었어요. 이미지 카드로 뉴스를 만드니 사람들이 편하게 사진을 넘기듯 뉴스를 볼 수 있게 되었죠.

이뿐만 아니라 움직이는 사진이나 영상을 넣어 독자가 좀 더 생동감 있게 볼 수 있는 기사도 있어요. 짧은 시간에 기사의 내용을 이해할 수 있도록 기사문 제일 위에 요약문을 넣기도 하고요. 기사문의 단어나 문장에 참고할 만한 내용을 링크로 연결해서 기사를 읽다가 해당 내용이 궁금하면 바로 눌러서 볼 수도 있죠.

새로운 기술이 개발되고 미디어 환경이 발전하면서 뉴스의 형태는 계속 바뀌어요. 변화하는 뉴스 형태에 관심을 갖는 일은 매우 중요해요. 관심 갖지 않으면 뉴스가 전하는 메시지를 제대로 이해하지 못하거나 뉴스를 멀리할 수도 있으니까요. 그러다 보면 세상을 보는 눈이 무뎌질 수도 있답니다.

유튜브 탐험하기

유튜브는 어떻게 인기를 얻었나요?

유튜브(YouTube)는 'You(당신)'와 'Tube(브라운관, 텔레비전)'를 합친 말이에요. 한국말로 바꿔 말하자면 '너TV'라고 해석할 수 있어요. 이렇게 간단한 이름에는 "당신을 방송하세요!"라는 뜻이 담겨 있어요. 유튜브의 이름처럼 이제 누구나 쉽게 방송을 할 수 있게 되었어요.

유튜브는 2005년 세 명의 창업자가 개발했어요. 그리고 1년 뒤 구글이 1조 8천억 원에 유튜브를 인수했죠. 당시에는 고작 웹사이트 하나에 엄청난 금액을 투자했다고 구글을 비판하는 사람도 많았어요. 하지만 구글은 유튜브의 기술에 주목했어요.

유튜브 이전에는 웹사이트에서 영상을 실시간으로 보려면 엄청난 데이터를 사용해야 했어요. 이런 부담을 각오하고 영상을 다운로드해도 화질이 낮아 보기 힘들었지요. 하지만 유튜브는 영상을 '플래시'라는 신기술로 재생하도록 했어요. 이 기술은 화질을 개선하고 용량을 획기적으로 줄였어요. 이로써 이전보다 수십 배 빠르고, 동영상을 웹사이트에 업로드하기도 쉽고, 사용자들은 영상을 다운로드할 필요 없이 바로 시청할 수 있어요.

많은 이들이 영상을 쉽고 간단하게 올리고, 또 볼 수도 있는 유튜브에 열광했어요. 사람들은 자유롭게 영상을 올리기 시작했죠. 유튜브에 처음 업로드된 영상은 〈Me at the zoo〉라는 제목의 영상으로 유튜브 개발자인 자베드 카림이 동물원에서 코끼리의 코를 칭찬하는 18초짜리 영상이에요. 이 영상은 조회 수 1억 7천만 개에 댓글은 무려 1천만 개나 달렸어요. 만약 자베드 카림이 거대 방송사나 영화사에 가서 코끼리 영상을 작품으로 만들어 보자고 했다면 회사 사람들에게 따가운 눈초리를 받지 않았을까요?

자유로운 창작과 많은 사람과의 공유를 가능하게 한 새로운 기술이 유튜브 열풍을 몰고 왔답니다.

누구나 유튜브 크리에이터가 될 수 있어요

유튜브에 첫 영상이 올라간 뒤로 수많은 영상이 업로드되었어요. 유튜브를 통해 유명해지는 사람도 생겨나고, 전문적으로 영상을 만들어 올리는 직업도 생겼지요. 이렇게 유튜브를 기획하고, 만드는 사람을 '유튜브 크리에이터'라고 불러요. 유튜브 크리에이터는 2021년 교육부가 조사한 초등학생 희망 직업에서 4위를 차지하기도 했어요.

유튜브 크리에이터는 방송의 주제를 정하고 촬영한 뒤 사람들이 보기 좋게 편집한 영상을 올려요. 영상을 본 시청자와는 댓글을 통해 소통까지 하죠. 시청자와 함께 호흡을 맞추면서 영상을 찍거나, 다음 영상을 시청자의 요청에 맞추어 찍기도 해요.

이렇게 다른 사람의 손을 빌리지 않고 혼자 할 수 있다 보니 크리에이터는 점점 늘어났어요. 유튜브 채널을 만들고 영상을 촬영할 때 자격증이 필요하거나 누구의 허락을 구할 필요도 없어요. 아이디어만 있다면 지금 당장 크리에이터가 될 수 있죠.

한 크리에이터는 해조류의 일종인 바다포도를 먹는 영상으로 단숨에 인기를 끌었어요. 이 크리에이터는 당시 열 살이었어요. 어려운 기술이나 비싼 장비 없이 이어폰을 귀에 꽂고 테이프로 마이크를 얼굴에 붙여 바다포도 먹는 영상을 찍었다고 해요. 이 유튜브 크리에이터는 75만 명이 구독하는 스타 크리에이터가 되었답니다.

어린이 유튜버 크리에이터가 있다면 할아버지, 할머니 유튜버도 있어요. 한 할머니의 손녀는 할머니가 건강할 때 많은 추억을 남기기 위해 영상을 제작해서 유튜브에 올렸는데, 즐겁게 살아가는 할머니의 모습에 젊은 세대들이 크게 공감하면서 스타 유튜버가 되었어요.

요즘은 평범한 사람들이 자신이 그린 그림이나 사진, 음악 등을 미디어에 올리고, 사람들의 인기를 얻어 스타가 되기도 해요. 스마트폰만 있으면 언제 어디서나 사진과 글을 올릴 수 있고, 간단한 프로그램으로 누구나 영상과 음악을 만들 수 있으니까요.

소수의 목소리를 전해요

유튜브는 누구나 사용할 수 있는 마이크와 같아요. 마이크를 쓰면 작은 소리가 커지듯 유튜브에서는 우리와 함께 살아가는 소수의 목소리를 크게 들을 수 있어요.

한 유튜브 채널을 운영하는 지체 장애인은 버스 타기, 비 오는 날 이동하기, 계단 올라가기처럼 비장애인에게는 너무나 일상적인 일들을 장애인의 입장에서 보여 주었어요. 휠체어 때문에 비장애인보다 훨씬 힘들게 이동하는 모습이 방송되자, 사람들은 지체 장애인의 '이동'에 대해 함께 고민할 수 있었어요.

어떤 유튜브 채널은 한국에 사는 외국인의 모습을 보여 주기도 해요. 외국인이 본 대한민국은 어떤 점이 좋고, 어떤 점이 불편한지 알 수 있죠.

여러분도 사람들에게 전하고 싶은 목소리가 있나요? 그렇다면 유튜브라는 마이크를 사용해 보세요!

나쁜 콘텐츠가 넘쳐요

유튜브는 꼭 필요한 이야기를 많은 사람에게 전달한다는 장점이 있지만, 나쁜 콘텐츠가 쉽게 전달된다는 단점도 있어요.

방송사에서 콘텐츠를 만드는 사람을 PD라고 하는데, PD가 되려면 방송 시험도 치러야 하고 면접도 통과해야 해요. 시험에 통과했더라도 방송을 자기 마음대로 만들 수 없어요. 방송을 기획할 때부터 여러 사람과 회의를 하죠. 영상을 다 만들어도 방송하기 전에 이 영상이 방송으로 나가도 좋을지 논의하는 심의 과정을 거쳐요.

하지만 유튜브는 이런 과정을 거치지 않아요. 자유롭게 영상을 찍어서 올릴 수 있죠. 그래서 누군가는 나쁜 콘텐츠를 만들어 올리기도 해요. 일반인을 속여서 웃음거리로 만드는 불법 촬영 콘텐츠, 가짜 뉴스를 진짜인 것처럼 올려 사람들을 속이는 콘텐츠, 야한 음란물이나 성적인 콘텐츠도 유튜브에서는 쉽게 볼 수 있어요. 이런 주제로 만들지 않았더라도 영상 안에서 비속어를 사용하거나 인종, 종교, 성별로 사람들을 차별하고 혐오 표현을 자연스럽게 사용하는 콘텐츠 등 수많은 나쁜 콘텐츠가 매일 업로드되고 있어요.

나쁜 콘텐츠는 왜 만드나요?

누구나 영상을 제작하고 업로드할 수 있기 때문에 누구나 크리에이터가 될 수 있어요. 그러다 보니 크리에이터가 많이 늘었고 경쟁이 심해졌어요. 그러면서 사람들의 관심을 얻으려고 자극적인 콘텐츠를 올리는 크리에이터가 생기기 시작했죠.

한 유튜브 크레에이터는 자신의 딸에게 아빠의 지갑을 몰래 훔치라고 시키기도 하고, 임신과 출산을 연기하도록 하기도 했어요. 또 어떤 유튜브 크리에이터는 아이에게 강제로 먹방을 시켜 영상을 찍기도 했고요. 조회 수가 올라가면 채널에 광고를 실을 수 있고, 광고를 실어야 돈을 많이 벌 수 있기 때문에 이런 영상을 만든 거예요.

크리에이터가 되기는 쉽지만, 모두가 좋은 크리에이터는 아니에요. 미디어는 사람이, 우리가 만들어 가는 거예요. 자유에는 늘 책임이 따르기 마련이고요. 자신의 이익을 위해 다른 사람을 괴롭히거나 피해를 준다면 함께 살아가야 할 사회의 질서가 무너지게 돼요.

유튜브가 나를 잘 안다고요?

지금 유튜브에 접속해서 홈 화면에 어떤 영상이 보이는지 확인해 보세요. 최근에 검색했거나 시청했던 영상과 비슷한 영상들이 보이나요? 이렇게 내가 좋아할 만한 영상이 계속 나오는 이유는 유튜브의 추천 알고리즘이라는 서비스 때문이에요.

만약 여러분이 '우유를 먹으면 배가 아픈 이유'에 관한 영상을 시청했다면 영상 마지막 화면 한쪽에 '먹어도 배 안 아픈 우유 Top 5'처럼 이어서 볼만한 영상이 나와요. 우리가 영상을 보고 있을 때도 유튜브는 쉬지 않고 영상의 주제를 분석해서 비슷한 영상을 연결하죠.

알고리즘이란 어떤 문제를 해결하기 위한 과정이나 단계를 뜻해요. 유튜브는 시청자에게 영상을 추천하기 위해 시청자가 보는 영상을 분석하고 판단해요. 이런 과정을 추천 알고리즘이라고 합니다.

유튜브의 전체 조회 수를 조사해 보았더니, 전 세계 사람의 70%는 유튜브 알고리즘에 연결된 방송을 봤다고 해요. 우리가 추천 알고리즘에 빠져드는 것은 나이가 어리거나 보고 싶은 마음을 억제하는 자제력이 약해서 그런 것이 아닐 수도 있어요. 어쩌면 우리의 무의식을 훤히 꿰뚫어 보는 알고리즘에 속수무책으로 당하고 있는 것은 아닐까요?

유튜브는 왜 나쁜 콘텐츠를 걸러 내지 못하나요?

유튜브에 나쁜 콘텐츠가 너무 늘자, 유튜브는 '심의' 알고리즘을 만들었어요. 심의의 기준은 다음과 같아요.

✦ 과도한 노출 및 성적인 콘텐츠
✦ 유해하거나 위험한 콘텐츠
✦ 증오성 콘텐츠
✦ 폭력적이거나 노골적인 콘텐츠
✦ 저작권 위반 콘텐츠

유튜브에서 정한 다섯 가지 심의 기준에 걸리면 노란 딱지를 붙여요. 노란 딱지를 받은 콘텐츠는 광고 수익도 줄고, 유튜브의 추천 알고리즘이 영상을 더 적게 노출시켜서 사람들에게 잘 보이지 않도록 하죠. 심각하게 심의 기준을 벗어난 영상은 아예 삭제하기도 해요. 이렇게 삭제되는 영상이 무려 하루에 9만 편 정도라고 해요.

하지만 이런 노력에도 불구하고, 여전히 유튜브에는 나쁜 콘텐츠들이 넘쳐나요. 나쁜 콘텐츠에 노란 딱지가 붙었다고 하더라도, 일반 시청자는 노란 딱지를 볼 수 없어요. 노란 딱지는 제작자의 계정에서만 확인할 수 있으니까요. 이런 점을 아는 일부 유튜버들은 노란 딱지를 받아도 더 인

기를 끌 만한 나쁜 콘텐츠를 계속 만들어 돈을 벌어요.

유튜브의 심의 알고리즘이 완벽하지도 않아요. 걸러야 할 콘텐츠는 거르지 않고 거르지 않아도 될 콘텐츠는 거르는 문제도 있어요. 어떤 예술 작품에 나체가 나온다고 차단하거나, 생리컵 리뷰 영상을 '성적 호기심을 유발한다'는 이유로 차단하기도 했어요. 심의 알고리즘으로 나쁜 콘텐츠를 완전히 막을 수는 없지만, 일부 유해 콘텐츠는 우리에게 노출되기 전에 삭제되기도 하고, 알고리즘이 실수로 삭제한 영상은 제작자가 건의하면 재검토를 통해 영상을 복구해 주기도 해요.

그렇다면 어떻게 해야 나쁜 콘텐츠를 막을 수 있을까요?

나쁜 콘텐츠를 막으려면 유튜브 사용자가 좋은 콘텐츠를 보려고 노력하고, 나쁜 영상을 보면 과감하게 신고해야 해요. 우리가 조금만 노력하면 유튜브의 추천 알고리즘이 더욱 유익하고 알찬 영상을 소개해 줄 거예요.

뭉치면 산다! 온라인 커뮤니티의 탄생

　미디어에는 여러 사람이 모일 수 있는 다양한 공간이 있어요. 카카오톡 오픈 채팅방, 네이버 밴드, 다음 카페 등도 하나의 공간이죠. 이러한 미디어 공간을 온라인 커뮤니티(Community)라고 해요.
　온라인 커뮤니티는 온라인상으로 몇 사람이 이야기를 나누는 채팅으로 시작했어요. 그러다가 게시판이라는 기능이 생겼죠. 게시판에 누군가 글을 올리면 그 글에 사람들이 댓글을 다는 식으로 커뮤니티가 발전했어요. 셀 수 없이 많은 정보가 쏟아지는 미디어 세계에서 주제별로 정보를 모아 주는 역할을 하기 때문에 온라인 커뮤니티를 잘 이용하면 필요한 정보를 쉽게 얻을 수 있어요.

게임은 온라인 커뮤니티의 단골손님이에요. 한 게임 카페는 30만 명이 넘는 회원이 있어요. 이곳에서는 자신의 게임 실력을 자랑하거나 게임 아이템에 대해 토의하기도 해요. 정품 사용을 인증하는 게시판을 만들어 정품 사용을 권장하기도 하고, 게임을 할 때 매너를 지키지 않는 사용자에 대해 공유하며 올바른 게임 문화를 만들기 위해 노력하기도 해요.

유익한 정보 공유와 올바른 온라인 문화를 이끈다는 장점 덕분에 다양한 주제의 커뮤니티가 생겨났어요. 사람들은 직업, 취미, 여가, 관심사처럼 일상적인 목적으로 커뮤니티에 가입하기도 하고, 중고 거래나 쇼핑처럼 경제적인 목적으로 커뮤니티에 가입하기도 해요. 또 일부 커뮤니티는 정치적인 목적으로 형성되기도 합니다.

온라인 커뮤니티가 범인을 잡았다고요?

커뮤니티에 모이는 사람이 점점 많아지면 거대한 집단이 되기도 해요. 이런 커뮤니티의 영향력은 상상 이상이에요. 커뮤니티에서 유행하는 말이 예능 방송 자막으로 사용되기도 하고, 커뮤니티에서 이슈가 되는 일이 뉴스거리가 되기도 하니까요.

 2015년 청주에서 뺑소니 사건이 일어났어요. 당시 20대 후반이던 한 남성이 새벽에 집으로 돌아가던 중 뺑소니 사고로 숨을 거두었어요. 사실 뺑소니 사고는 하루에도 몇 번씩 일어나는 일이었고, 이 사건이 처음 뉴스에 나올 때는 한 줄짜리 뉴스 자막으로 보도되었어요. 그런데 한 자동차 커뮤니티에 '크림빵 아빠를 아세요?'라는 게시물이 올라왔어요. 피해자인 남성이 임신 중인 아내를 위해 크림빵을 사서 집으로 가던 길에 사고를 당했다는 내용이었어요. 게시 글에는 '당신이 좋아하는 케이크가 없어서 크림빵을 샀는데 미안하고, 가진 것은 없어도 열심히 사는 훌륭한 부모가 되자'고 쓴 문자 내용도 있었어요. 사람들은 이 글을 보고 함께 안타까워했어요. 그 글을 시작으로 커뮤니티의 사람들이 범인을 찾기 시작했어요. 청주시의 방범대와 자동차 수리점 사장들은 사고 차량이 오면 바로 경찰에 연락하자며 힘을 합쳤고, 피해자 가족을 돕기 위한 움직임도 시작되었어요. 커뮤니티 회원 중 한 명은 청주시 의사회와 청주시에 피해자 부인의 출산 지원을 건의했죠.

 커뮤니티 활동이 점점 커지자, 언론이 다시 '크림빵 아빠 사고'를 취재하기 시작했어요. 사람들의 관심이 늘자, 결국 범인은 자수했답니다. 누구나 쉽게 모일 수 있다는 온라인 커뮤니티의 특징이 범인을 잡은 거예요.

이런 커뮤니티도 있어요

한 소셜미디어의 오픈 채팅방에는 '무조건 칭찬하기'라는 커뮤니티가 있어요. 이 채팅방에는 누구나 들어올 수 있고, 어떤 이야기를 하더라도 사람들은 무조건 칭찬해 줘요. 예를 들어 '저 오늘 시험 망쳤어요.'라고 하면 다른 사람들은 '이번 시험 망친 거면 다음 시험은 잘 볼 테니 미리 칭찬해!'라고 답을 해 줘요. 이 커뮤니티는 힘든 일상에서 긍정적인 면을 찾아 주고, 소소한 말장난으로 사람들을 즐겁게 해 줍니다.

온라인 커뮤니티의 주제는 셀 수 없이 많아요. 어떤 분야에 대한 다양한 정보를 얻기도 하고 '무조건 칭찬하기' 커뮤니티처럼 누군가에게 위로와 응원이 되기도 해요. 좋아하는 연예인과 소통할 수 있는 팬 카페도 있고요. 이렇게 다양한 주제의 온라인 커뮤니티가 생길 수 있는 이유는 누구나 쉽게 커뮤니티를 만들 수 있기 때문이에요. 소셜미디어에 오픈 채팅방을 만드는 것도, 인터넷 카페를 개설하는 것도 모두 공짜이고, 클릭 몇 번이면 만들 수 있어요. 커뮤니티에 참여하기도 쉬워요. 인터넷에 원하는 주제를 검색하거나 소셜미디어와 포털 사이트에서 여러 커뮤니티를 검색하면 되죠.

여러분도 관심 있는 주제가 있다면 검색해 보세요. 관심 있는 주제가 딱히 없어도 괜찮아요. 다양한 커뮤니티를 둘러보면 어느새 관심이 가는 주제가 생길지도 모르니까요!

온라인 커뮤니티로 돈도 아낄 수 있어요

　누군가 썼던 물건을 물려받아 본 경험이 있나요? 아니면 내가 쓴 물건을 다른 사람에게 준 경험은요? 한 포털 사이트에는 중고 거래를 할 수 있는 인터넷 카페가 있어요. 이 카페는 2003년에 처음 만들어졌는데, 현재는 1,800만 명이 넘는 회원 수를 가진 한국 최대의 온라인 커뮤니티가 되었어요. 여기서는 온라인으로 판매가 금지된 술이나 담배, 의약품을 제외하고 거의 모든 물건을 사고팔 수 있어요. 옷이나 전자 기기는 물론이고 자동차나 집을 사고팔기도 해요. 이렇게 다양한 물건을 사고팔 수 있는 이유는 회원 수가 그만큼 많기 때문이에요. 커뮤니티가 커지자 2014년에는 어엿한 기업으로 발전했어요. 2020년에 이 커뮤니티를 통해 거래된 돈이 무려 5조 원을 넘었다고 해요.

　하지만 인터넷을 통해 거래하는 건 종종 위험하기도 해요. 사진으로만 물건을 확인할 수 있기 때문에 사진 속 물건과는 다른 물건을 받거나, 돈만 보내고 물건을 받지 못하는 경우도 있어요. 또 실명이 아닌 닉네임으로 활동하다 보니 물건값을 낮추려고 하거나 터무니없는 요구를 하는 경우도 있어요.

　최근에는 이런 단점을 보완한 중고 거래 커뮤니티도 생겼어요. 사용자가 자신이 머무는 지역을 인증하면 그 위치와 가까운 물건들만 보여 주기 때문에 직접 만나 거래할 수 있어요. 직접 거래를 할 수 있다 보니, 사기를 당할까 봐 걱정하던 사람들이 이 커뮤니티를 이용하기 시작했어요. 커뮤니티의 인기는 폭발적으로 늘어났죠.

현재 한국의 크고 작은 중고 거래 커뮤니티의 거래액을 모두 합치면 20조 원 정도라고 해요. 이런 커뮤니티는 기업이 개발해서 사람들을 끌어들인 것이 아니라 사람들이 자신의 필요로 하나둘씩 모여 만든 결과예요. 만약 온라인 커뮤니티가 없었다면 20조 원만큼 누군가는 방 안 어딘가에 물건을 방치하고, 또 누군가는 새 제품을 샀을 거예요. 그러니까 온라인 커뮤니티가 우리의 20조 원을 절약해 준 셈이죠.

커뮤니티 규칙은 누가 정해요?

온라인 커뮤니티에는 그 커뮤니티만의 규칙이 있어요. 커뮤니티를 이용할 때는 반드시 그 규칙을 지켜야 해요. 규칙을 지키지 않으면 가입이 불가능하거나 커뮤니티에서 쫓겨나는 경우도 있어요.

서로 모르는 회원이더라도 같은 커뮤니티 안에서는 반말과 높임말을 섞어 쓰고, 글의 끝을 '~음', '~슴(쏨)'으로 끝내는 '음슴체'로 쓰는 것이 일상인 커뮤니티도 있어요.

또 어떤 커뮤니티는 글을 쓴 작성자가 무조건 익명으로 표시되게 하는 곳도 있어요. 작성자의 실체를 드러나지 않게 해서 표현의 자유를 마음껏 누릴 수 있도록 말이에요. 주제와 맞지 않는 글을 쓰거나 정치적인 글을 쓰면 퇴출시키는 커뮤니티도 있어요. 때로는 다른 사람이 쓴 글을 읽으려면 반드시 자기소개를 올리거나, 댓글을 몇 개 이상 적어야 한다는 조건을 달기도 해요. 이렇게 하면 사람들의 참여율을 높일 수 있고, 인기 많은 커뮤니티로 보일 수 있으니까요.

하지만 온라인 커뮤니티의 모든 규칙이 도덕적으로 항상 옳지는 않아요. 커뮤니티의 규칙은 커뮤니티를 관리하는 사람이 정해요. 그 규칙 중에는 우리 사회의 모든 사람이 지켜야 하는 약속이 아닌 것도 있어요. 그래서 커뮤니티의 규칙을 커뮤니티 밖 세상과 구분하는 태도가 필요해요. 처음 보는 사람과도 반말하는 커뮤니티에서 활동하다가 커뮤니티 밖에서도 아무에게나 반말하면 안 되겠죠?

소셜미디어 탐험하기

소셜미디어는 어떻게 시작되었나요?

현재 가장 많은 사람이 사용하는 페이스북과 인스타그램은 마크 저커버그라는 사람이 만들었어요. 2004년 미국 하버드대학교를 다니던 19세 저커버그는 학기가 시작될 때 친구들과 친목을 다지기 위해 페이스북이라는 사이트를 만들었어요. '페이스북'이라는 이름도 학기 초 학생들의 얼굴과 프로필을 적어 공유하던 책자 이름에서 따왔어요. 하버드 학생끼리만 사용하던 이 사이트가 주변 학교로 퍼지면서 유명해졌고, 2006년에는 일반인도 이메일만 있으면 가입할 수 있게 되었어요.

소셜미디어는 결국 사람을 연결해 주는 서비스예요. 온라인 커뮤니티는 함께 사용하는 공동 공간이지만, 소셜미디어는 온라인상의 개인 공간에 자신의 이야기를 올릴 수 있어요. 게다가 모르는 사람이라도 프로필을 확인하면 누구인지 금방 알 수도 있고, 원한다면 친구가 될 수도 있죠.

랜선 우정, 소셜미디어로 친구 만들기

'랜선 우정'이라는 말을 들어 본 적 있나요? 랜선 우정은 미디어에서 사귄 친구와의 우정을 이르는 단어예요.

페이스북이나 인스타그램, 틱톡과 같은 소셜미디어는 랜선 우정을 만드는 가장 간편한 미디어예요. 소셜미디어에서는 사진이나 동영상, 글을 올리면 다른 사람들이 '좋아요'를 누르고 댓글을 남겨요. 그 사람을 잘 모르더라도 말이죠. 그렇게 댓글과 답글이 이어지다 보면 서로의 관심사나 공통점을 알게 되고, '친구 추가'를 하게 돼요. 이렇게 친구가 되면 소셜미디어와 연동된 메신저로 더 편하게 대화하고 친해질 수 있어요.

소셜미디어에서 서로의 일상을 공유하고, 댓글이나 메신저로 소통하다 보면 실제 만남으로 이어지기도 해요. 소셜미디어에서 서로의 관심사에 대해 잘 알았으니 만나서 함께 좋아하는 것을 즐기며 더욱 친해질 수 있죠. 그런데 미디어에 보이는 모습과 실제 모습은 다를 수 있으니 실제로 만나는 것은 조심, 또 조심해야 해요.

소셜미디어마다 무엇이 다른가요?

소셜미디어의 종류는 무척 많아요. 종류에 따라 사용자가 할 수 있는 기능이 다르고, 그에 따라 사람들이 미디어에서 하는 행동이나 게시물의 모습도 가지각색이죠. 똑같이 맛집에 다녀와서 올린 게시물이라고 해도 어떤 종류의 소셜미디어를 사용했는지에 따라 게시물의 모습이나 사람들과 공유하는 모습도 조금씩 달라요.

블로그는 개인이 웹사이트를 만들고 게시물을 올려요. 사람들은 그 블로그에 방문해야만 그 사람이 올린 게시물을 볼 수 있어요. 블로그는 길게 글을 쓸 수 있기 때문에 다른 소셜미디어보다 구체적인 정보를 담을 수 있어요. 메신저는 1 : 1 또는 단체 대화방처럼 채팅 서비스가 가장 핵심이에요. 대화하고 싶은 사람을 대화방으로 초대해 '소통'하는 것에 중점을 둔 서비스죠. 대화방에 있는 사람들끼리 사진을 공유하고 대화를 나눌 수 있어요.

블로그와 메신저의 특징을 모두 지닌 소셜미디어도 있어요. 페이스북이나 인스타그램이 대표적이에요. 블로그처럼 자신만의 이야기를 올릴

수 있는 게시판 기능을 갖추고 있고, 개인 혹은 단체 대화도 가능해요. 페이스북에서는 블로그 기능을 '타임라인'이라 하고 인스타그램은 '피드'라고 해요. 블로그에서는 다른 사람의 게시물을 보려면 타인의 블로그에 접속해야 하지만, 페이스북이나 인스타그램에서는 내가 게시물을 올리면 자동으로 다른 사람의 피드나 타임라인에 게시물이 등장해요. 친구의 타임라인에 등장할 수도 있고, 친구 사이가 아니라도 연관이 있는 사람이라면 그 사람의 타임라인에도 등장할 수 있어요. 그래서 다른 사람의 게시물을 쉽게 확인할 수 있죠. 그리고 모든 게시물에 '좋아요'처럼 간단하게 자신의 생각이나 기분을 표현하고 댓글을 남길 수 있어요. 음식 사진을 예쁘게 찍고 해시태그로 몇 가지 단어를 적어 자신의 피드에 올리면 모르는 사람들이 '좋아요'를 눌러 주거나 공유하기도 해요. 이런 소셜미디어를 SNS(Social Network Service)라고 해요. 외국에서는 SNS를 소셜미디어의 한 종류로 부르는데, 한국에서는 SNS를 소셜미디어와 같은 의미로 사용하기도 해요.

인플루언서가 되려면 어떻게 해야 하나요?

'인플루언서'라는 말을 들어 본 적 있나요? 인플루언서는 '대중에게 영향력이 있는 개인'을 뜻하는 말이에요. 연예인이 개그맨이나 배우, 가수처럼 TV나 영화를 통해 유명해진 사람이라면, 인플루언서는 SNS로 유명해진 사람들을 가리켜요. 미디어가 발달하면서 새롭게 등장한 활동 영역이죠. 이제는 인플루언서의 말 한마디, 행동 하나도 굉장한 영향력을 가지게 되었어요.

어떤 사람은 SNS에 노래나 댄스 실력을 뽐내기도 하고, 어떤 사람은 여러 가지 제품을 사용해 보고 솔직한 후기를 올리기도 해요. 사람들이 좋아할 만한 게시물에는 자연스럽게 사람들의 관심이 모이고, 대중에게 영향력을 미치는 인플루언서가 되는 거죠. 인플루언서가 된 일반인 중에는 TV 방송에 출연하면서 연예인이 되는 경우도 많아요.

왜 인플루언서가 되려고 할까요?

인플루언서는 되고 싶다고 아무나 될 수 있는 건 아니에요. 그러나 소셜미디어를 이용한다면 한 번쯤 인플루언서를 꿈꾸기도 해요. 대중의 관심을 받고 인기를 누리기도 하지만, 인기도와 영향력에 따라 돈을 벌기도 하니까요. 소셜미디어에서 인플루언서의 영향력이 날로 커지자 기업에서 인플루언서의 영향력을 제품 홍보에 활용하기 시작했어요. 인플루언서를 이용해 홍보하는 방법을 인플루언서 마케팅이라고 해요.

인플루언서 마케팅은 소비자가 모여 있는 소셜미디어에 인플루언서가

게시물을 올리는 방식으로 홍보해요. 회사에서는 만든 제품을 인플루언서에게 무료로 제공하고, 후기를 쓰게 하죠. 이런 광고 방법이 효과를 보자, 많은 기업이 인플루언서에게 마케팅을 맡기고 있어요.

인플루언서는 기업 광고를 하며 대중에게 자신을 더 알릴 수 있고, 광고비도 받을 수 있으니 일석이조의 기회이기도 해요. 하지만 인플루언서가 제품을 제대로 사용하지도 않고 마치 사용한 듯 광고하거나 제품의 기능을 부풀려 홍보해서 문제가 되기도 해요. 또 크고 작은 범죄나 안 좋은 소문에 휘말려 제품의 이미지에 영향을 미쳐 기업도 피해를 입죠.

그래서 기업은 가상 인플루언서를 만들기 시작했어요. 가상 인플루언서는 소문에 휘말릴 걱정도 없고, 언제 어디서든 기업이 원하는 말과 행동을 할 수 있으니까요. 다치거나 늙지도 않고 말실수를 하거나 지각하는 일도 없어요. 비용을 따지자면 실재 인플루언서 마케팅보다 훨씬 이익이죠. 그러나 기업이 만들고 기업 편에서 움직이는 가상 인플루언서의 말과 행동을 진정성 있게 받아들이기 힘들 수 있어요.

인플루언서는 자신의 인기도와 영향력을 키우면서 경제적으로도 도움이 되고, 기업은 기업대로 홍보에 도움이 되려면 좋은 제품을 만들어 과대광고를 강요하지 않는 기업과 인플루언서의 진솔한 후기와 홍보가 맞물려야 하겠죠.

대중에게 관심을 받고 인기를 누리며 큰 영향력을 미치는 인플루언서이기에 말 한마디, 행동 하나에도 책임감을 갖고 스스로 돌아봐야 합니다.

기사를 만들어 봐요, 게이트키핑

▶ A, B 두 나라가 있어요. 두 나라는 국경을 맞대고 살아온 이웃 나라예요. 최근 두 나라에 세 가지 사건이 발생했어요. 만약 두 나라의 언론사가 이 사건을 보도한다면 어떤 제목으로 보도할까요? 두 나라의 언론사가 되어 세 가지 사건의 뉴스 제목을 지어 봐요.

A 나라 : 넓은 평야가 많고, 기후가 온화하고 땅이 비옥해서 농사짓기에 적합한 나라로, 전 세계에 식량을 수출하는 농업 국가다.

B 나라 : 기술이 우수하다. 특히 IT 기술이 뛰어나 세계에서 가장 우수한 반도체를 생산할 수 있다. 최근에는 우주 항공 기술에 과감하게 투자하고 있다.

사건 1

다음 주부터 장마가 시작된다.
30년 만에 기록적인
폭우가 예상된다.

사건 2

○○전자에서 최신 스마트폰을
개발했다.
전 세계 사람들이 스마트폰을
사기 위해 사전 예약을 했다.

사건 3

대한민국 공군이 달에서
사람이 생활할 수 있는 기지를
건설했다.
지구의 각종 식물과 동물을
달로 옮길 계획이다.

\# 사건 1

A 나라
언론사
뉴스 제목

B 나라
언론사
뉴스 제목

\# 사건 2

\# 사건 3

생각해 봐요!

주어진 사건을 어떻게 보도하면 좋을지 고민하는 과정이 '게이트 키핑'이에요. 같은 사건이지만 A 나라의 입장에서 보는 것과 B 나라의 입장에서 보는 것이 달라요. 둘 다 장마가 주제여도 A 나라에서는 '농작물 피해'에 관한 기사를 쓰고, B 나라에서는 출퇴근하는 사람이 많으므로 '교통'에 관한 기사를 내보낼 수 있어요. 뉴스를 보는 사람에 따라 '장마'가 서로 다른 영향을 미치기 때문에 뉴스의 제목도 그에 따라 바뀌기 마련이죠.

▶ 제목뿐만이 아니에요. 기사를 얼마나 여러 번 보도할지, 어떤 순서로 보도할지 결정하는 것도 게이트키핑이에요. A 나라 언론사와 B 나라 언론사의 입장이 되어 신문 1면에 들어갈 3개의 기사를 배치해 보세요.

A 나라 신문

B 나라 신문

생각해 봐요!

뉴스를 만들 때 더 많은 사람에게 영향을 끼치는 사건일수록 중요하게 다뤄요. A 나라는 농업이 중심인 나라여서 장마를 가장 큰 사건이라 생각할 수 있어요. 기술이 발달한 B 나라는 최신 스마트폰 출시를 가장 크게 다룰 수 있죠. 특정한 관점에서 사건을 보도하는 것은 절대로 이상하거나 나쁜 게 아니에요. 여러분도 기사의 제목을 만들 때 사람들에게 도움이 되도록 자연스럽게 그 사람의 입장에서 사건을 바라봤을 테니까요.

만드는 사람과 보는 사람이 함께 완성해야 좋은 뉴스가 돼요. 같은 뉴스라도 그것을 보는 사람에 따라 좋은 뉴스일 수도 있고, 나쁜 뉴스일 수도 있으니까요. 그래서 그 뉴스가 사람들에게 도움이 되는지, 아니면 사람들 사이에 갈등을 일으키고 피해를 입히는지 스스로 판단하는 능력이 중요해요. 그런 능력이야말로 진정한 디지털 미디어 리터러시라고 할 수 있답니다.

예시	A 나라 언론사 제목	B 나라 언론사 제목
사건 1	장마 시작, 농작물 피해 없도록 만전을 기해야	장마 시작, 출근길 교통대란 우려
사건 2	○○전자 신형 스마트폰 출시, 사전 예약 필수	신형 스마트폰 인기! 반도체 덩달아 호황
사건 3	달 개발 성공! 달에서 농사도 가능할까?	달 개발 성공! 기지 건설에 최신 기술 적용

미디어 세계 제대로 보기

3

미디어에 대한 오해

미디어는 공짜 아닌가요?

"뭔가를 공짜로 쓰고 있다면, 당신이 바로 상품이다."

한 다큐멘터리에서 미디어에 숨어 있는 경제 원리를 한마디로 표현한 문장이에요. 아직도 카카오톡이나 유튜브를 공짜로 쓰고 있다고 생각하나요? 천만에요! 여러분은 채팅을 위해 회원 가입을 하고 동영상을 보는 대신 값진 '무언가'를 치르고 있어요. 여러분의 값진 '무언가'는 여러 기업이 노리는 인기 상품입니다.

여러 기업이 노리는 인기 상품은 바로 우리의 '클릭'이에요. 무심코 마우스를 누르는 행동에 우리의 생각이나 개인 정보가 들어 있어요. 좋아하는 연예인의 게시물에 '좋아요'를 클릭하거나, 사고 싶은 물건을 인터넷에 검색하면 여러분이 무엇을 좋아하고, 무엇이 필요한지 알 수 있는 힌트가 돼요. 기업에서는 사람들의 클릭을 통해 그 사람의 생각이나 개인 정보를 파악할 수 있고, 이것을 잘 이용해서 기업의 물건을 구매할 확률이 높은 사람을 찾아내죠.

미디어 기업은 우리의 생각과 개인 정보를 얻고 싶어 해요. 그것이 돈이 되니까요. 이를 위해 좋은 서비스를 무료로 제공하는 대신 사용자의 나이, 국적, 주소, 전화번호 등 다양한 정보를 확보해요.

유튜버나 다른 크리에이터도 마찬가지예요. 구독자가 늘수록 콘텐츠가 유명해지고 광고 수익도 생기기 때문에 일단 구독자 수를 늘리려고 노력해요.

결국 모든 미디어 서비스는 우리의 '클릭'을 얻어 내려고 노력해요. 이 덕분에 우리는 좋은 서비스를 무료로 사용할 수 있어요. 하지만 사람들의 관심을 끌기 위해 자극적인 영상을 만드는 유튜버가 늘어났고, 인터넷 언론은 낚시성 기사를 쓰거나 심지어 가짜 뉴스를 만들기도 합니다.

SNS를 많이 하면 더 우울해진다고요?

여러분은 언제 SNS에 게시물을 올리나요? 프로필은 어떤 사진으로 설정해 두나요?

사람들은 보통 즐거운 일을 SNS에 올려요. SNS에는 맛집에 간 사진, 강아지와 산책하는 사진, 최신 스마트폰으로 찍은 셀카, 백화점에서 산 명품 인증샷, 여행지 풍경, 파티를 즐기는 모습 등 사람들이 부러워할 사진으로 넘쳐나요. 이렇게 행복해 보이는 SNS 세상이지만, SNS를 많이 하면 오히려 더 우울해진다고 해요.

2015년 미국의 미주리 과학기술대 연구팀이 연구한 결과, SNS에 많은 시간을 쓰는 사람일수록 우울증을 앓을 확률이 크다는 사실을 발견했어요. 사람들은 SNS에 자신의 여러 모습 중 잘나고 좋은 모습을 많이 올리는데, 이것이 오히려 우울감과 불안감을 높인다고 해요. 비싼 음식을 먹을 때 사진을 먼저 찍어야 한다는 압박감에 시달리고, 사진을 찍기 전에 음식을 먹어 버리면 짜증이 나곤 하죠. 또 게시물에 '좋아요'나 '댓글'이 달리지 않으면 불안하기도 해요. 자신보다 더 멋져 보이는 게시물을 보고 열등감을 느끼기도 하고요. SNS 때문에 끊임없이 남과 비교하고, 자신의 삶이 남들보다 못하다고 생각하면서 더욱 SNS에 집착하고 과장된 모습을 보이기도 하죠.

그렇기 때문에 SNS의 모습은 실제 모습과 똑같지 않을 수도 있어요.

SNS 게시물은 대부분 남에게 보여 주고 싶은 것만 보여 줄 뿐, 그 뒤에 있는 진짜 모습은 알 수 없으니까요. SNS에서 예쁜 강아지와 산책하는 친구는 실제로 산책하는 시간에 다른 일을 하고 싶을 수도 있어요. 하지만 SNS에 빠져 버리면 그 친구가 강아지와 여유롭게 산책을 즐기는 것만 보고, '왜 나는 강아지가 없지? 강아지가 있다면 저 친구처럼 여유롭게 공원을 갈 수 있을 텐데.'라고 생각할 수 있답니다.

댓글은 모두의 생각이 아니에요

뉴스나 SNS, 온라인 커뮤니티에도 댓글 창이 있어요. 하나의 게시물은 작성자 한 사람의 생각만 담겨 있지만, 그 게시물의 댓글에는 많은 사람의 생각이 달리죠. 때로는 게시물보다 게시물에 달린 댓글이 우리에게 더 큰 영향을 미칠 때도 있어요. 한국언론진흥재단의 조사에 따르면 뉴스를 이용하는 사람들의 70%가 뉴스 기사뿐만 아니라 뉴스에 달린 댓글도 함께 본다고 해요. 사람들은 다른 사람의 반응과 생각을 궁금해하기 때문이에요.

그런데 다수의 의견처럼 보이도록 댓글의 추천 수를 조작하는 일이 종종 일어나요. 별일 아니라고 생각할 수 있지만 여론을 조작해서 사람들의 판단을 어렵게 만드는 범죄입니다. 또 자기와 다른 생각을 하는 소수

의 사람들을 댓글로 공격하는 일도 있어요. 공격을 받은 소수의 사람들은 더욱 자기 의견을 내지 못하게 될 수도 있죠. 이렇듯 댓글을 '모두의 생각'으로 받아들이는 건 위험해요.

조회 수가 높으면 좋은 영상 아닌가요?

2021년 9월 기준으로 전 세계에서 가장 조회 수가 높은 유튜브 영상은 〈아기상어〉 뮤직비디오라고 해요. 조회 수는 무려 90억 회를 넘었어요. 이 영상은 펑펑 울던 아기도 단숨에 미소를 짓게 하는 힘을 가지고 있어서 '아기 상어가 아이를 키운다.'는 말이 나올 정도로 전 세계 사람들에게 큰 인기를 끌고 있어요.

어떤 영상이 높은 조회 수를 기록했다는 것은 그만큼 많은 사람에게 선택받았다는 의미예요. 〈아기상어〉처럼 재미와 감동이 우리를 클릭으로 이끌기도 하지만, 불쾌감 때문에 클릭하기도 해요.

한 유튜버는 과거 세월호 사건을 우스꽝스럽게 조롱하고, 사회적 약자를 비하하는 콘텐츠를 만들었어요. 이렇게 불편한 영상이었는데도 순식간에 60만 명 이상의 구독자를 모았어요. 누군가는 궁금해서 또 누군가는 잘못됐다는 걸 제작자에게 알려 주려고 영상을 봤어요. 이 유튜버는 이런 점을 노렸어요. 광고 수익이 구독자 수와 조회 수로 결정되다 보니 일단 논란이 될 만한 영상을 만들어서 조회 수를 높이려고 한 거예요.

이처럼 사람들이 많이 본다고 해서 무조건 좋은 영상은 아니에요. 반대로 조회 수가 낮더라도 얼마든지 좋은 영상일 수 있어요. 조회 수는 단순히 사람들이 클릭한 횟수일 뿐이지 영상이 좋은지 나쁜지 알려 주지는 않아요. 조회 수는 영상을 시청하는 사람들의 수많은 생각과 감정이 '클릭'을 거치면서 그저 숫자로 표현되었을 뿐이에요. 나쁜 영상을 보면, 그 영상의 나쁜 말과 생각이 스며들 위험이 커요. 이런 위험으로부터 우리를 지키려면 그 영상이 좋은지 안 좋은지 스스로 판단하려는 자세가 필요해요.

유튜브가 추천해 주는 영상도 조심하라고요?

영상을 보다가 '아, 이제 그만 봐야지.' 하고 생각할 때쯤, 추천 알고리즘에 넘어가서 계속 영상을 봤던 경험이 있나요? 우리가 보고 싶은 것을 다 봤더라도 추천 동영상의 섬네일을 보면 없던 궁금증이 생기고, 꼭 봐야 할 것 같은 압박감이 느껴질 때도 있어요.

그렇다면 유튜브와 같은 동영상 웹사이트는 왜 우리에게 동영상을 추천할까요? 이 또한 다른 미디어 기업처럼 광고 수익으로 운영된다는 점을 잊으면 안 돼요. 더 많은 광고 수익을 얻으려면 사람들을 유튜브라는 공간에 불러 모으고, 그 사람들이 최대한 오래 머무르게 해야 해요. 해당 사이트에서 동영상을 추천하는 이유는 바로 여러분이 계속 접속해서 동영상을 보게 하기 위해서예요.

동영상 웹사이트에서 동영상을 추천하는 기준은 '영상의 내용이 좋은가 나쁜가'가 아니라 '어떤 영상을 봐야 사용자가 더 오래 머무를 수 있는가'예요. 결국 추천 동영상은 '추천'이라기보다 '유혹'에 가까운 셈이죠. 추천 동영상이 무조건 나쁜 영상은 아니지만, 우리를 그곳에 좀 더 오래 붙잡아 두기 위해 폭력적이거나 선정적인 동영상을 추천하기도 해요.

게다가 알고리즘 때문에 자신의 취향과 관련된 영상만 계속 보게 되기도 해요. 그러다 보면 다른 사람의 취향이나 생각과 의견을 접하기 어려워지고, 생각의 틀이 좁아지게 됩니다.

광고가 따라다녀요

인터넷에 최신형 스마트폰을 검색하면, 인터넷을 할 때마다 그 휴대 전화의 디자인과 새로운 기능을 소개하는 광고가 뜨기 시작해요. 이렇게 사람을 따라다니며 광고하는 걸 '추적 광고'라고 해요. 한 번 본 상품을 계속 다시 보게 해서 상품을 사게 만드는 마케팅이죠.

TV 광고는 방송사에서 전국으로 동시에 광고를 내보내요. TV 앞에 있

는 사람은 그 광고를 볼 수 있지만, 그렇지 않은 사람은 광고를 볼 수 없어요. 하지만 추적 광고는 사람을 따라다니면서 광고를 해요. 포털 사이트에 접속했다면 포털 사이트에서도, SNS를 사용하고 있다면 SNS에서도 광고를 보여 줘요. 어떻게 이런 일이 가능할까요?

우리가 미디어에서 검색하거나 클릭한 정보는 모두 데이터로 저장돼요. 저장된 데이터는 쇼핑몰이나 광고 업체에 넘겨지고, 광고 업체는 특정 물건을 검색한 사람의 아이디나 개인 정보 등이 담긴 계정을 찾아 따라다니며 광고를 하죠.

이런 기술은 누군가의 취향과 성향을 파악해서 꼭 필요한 물건을 사는 데 도움을 주기도 하지만, 계속해서 광고를 보게 됨으로써 필요 없는 소비를 하게 만들기도 해요.

미디어에 속고 있어

속임수의 끝판왕 가짜 뉴스!

가짜 뉴스는 아주 오래전부터 있었어요. 동화 속 양치기 소년이 심심풀이로 "늑대가 나타났다!"고 외친 것도, 만우절이 되면 사람들이 농담으로 거짓말을 하는 것도 가짜 뉴스죠.

미디어를 통해 가짜 뉴스가 더 빠르게, 더 많은 사람에게 퍼지며 문제가 되고 있어요. 2016년 미국 대통령 선거 때는 상대 후보자들에 대한 가짜 뉴스가 마치 사실인 듯 소셜미디어를 통해 퍼졌어요. 선거 기간 동안 가짜 뉴스 조회 수는 진짜 뉴스보다 6배나 많았죠. 그럼 '가짜 뉴스'와 '진짜 뉴스'는 어떻게 구분할까요?

먼저 대화방이나 소셜미디어에서 돌아다니는 짤막한 소식지는 가짜 뉴스인 경우가 많아요. 실제로 2020년 코로나19가 막 유행하기 시작할 때 옷이나 물품에 헤어드라이어를 쐬면 바이러스가 죽는다는 가짜 정보가 퍼졌어요. 바이러스는 열에 약하다는 그럴싸한 근거와 전문가의 출처를 들어 여러 사람에게 전달되었어요. 하지만 확인해 보니 전문가는 그런 글을 남긴 적이 없었고, 헤어드라이어를 쐬었다고 해서 바이러스가 죽는다는 것도 의학적으로 잘못된 정보였다고 해요.

둘째로 진짜 뉴스이긴 하지만 뉴스가 다루는 정보가 가짜인 경우도 있어요. 2021년 서울 지하철 3호선에서 노출이 심한 옷차림을 한 여성이 쓰러졌는데, 현장에 있던 남성들이 성추행범으로 몰릴까 봐 전혀 도우려 하지 않았다는 뉴스가 여러 언론사를 통해 보도되었어요. 사람들은 이 뉴스에 "성추행범이 될 수 있으니 여성을 도우면 안 된다."와 "사람이 쓰러졌는데, 어떻게 모른 척할 수 있냐."는 두 가지 반응으로 나뉘어 댓글을 달았고, 이 문제는 남녀 갈등으로 번지기 시작했어요.

그런데 사실을 확인해 보니 쓰러진 여성을 발견한 주위 사람들이 남녀노소 할 것 없이 모두 적극적으로 도왔고, 쓰러진 여성의 옷차림도 무릎까지 오는 바지에 긴 장화를 신어 노출이 심하지 않았다는 목격자의 진술이 나왔어요. 또 당시 출동한 역무원에 따르면 의사였던 남성 한 명이 열심히 응급조치를 해 준 덕분에 쓰러진 여성이 금방 의식을 찾을 수 있었다고 해요. 이렇게 터무니없는 뉴스가 정식 언론사를 통해 보도된 이유는 무엇이었을까요?

기자들이 제일 처음 이 소식을 접한 것은 온라인 커뮤니티에 올라온 글이었다고 해요. 기자들이 이 글만 믿고, 사실을 확인하지 않은 채 보도했죠. 기사의 주인공이 된 사람들은 기사 내용과 사람들의 댓글에 상처를 받았어요.

그렇다면 가짜 뉴스의 책임은 사실을 확인하지 않은 기자에게 있을까요? 물론 기자에게도 책임이 있어요. 기자라면 뉴스로 보도하기 전에 정보의 출처를 확인하고 사실인지 충분히 검증해야 해요. 하지만 가짜 뉴스를 믿고 비난의 댓글을 달았던 사람들에게도 책임이 있어요. 그래서 미디어를 접할 때 한 걸음 물러서서 사실을 확인해 보려는 태도가 중요해요.

대통령 트위터도 폐쇄되었다고요?

미국 제45대 대통령인 트럼프는 대통령이 되기 전에도 자신의 생각이나 의견을 트위터라는 SNS에 올리곤 했는데, 대통령이 된 이후에도 트위터에서 꾸준히 활동했어요. 그의 트위터 계정 팔로워 수가 8,900만 명에

달하니 세계 경제와 외교에 있어서 최고의 인플루언서였죠.

트럼프 대통령의 트위터 발언은 항상 자극적이고 돌발적이었지만, 트럼프 지지자들은 트럼프의 트위터가 솔직하다는 이유로 열광했어요. 하지만 결국 트럼프 대통령의 트위터는 폐쇄되었어요.

트럼프의 트위터가 폐쇄된 결정적인 사건은 2021년 1월 트럼프가 46대 대통령에 다시 도전했다가 낙선하면서 발생했어요. 트럼프 지지자들이 대선 결과에 불만을 품고 미국 연방의회 의사당에 허가 없이 들어가 난동을 일으켰는데, 트럼프는 이러한 난동을 부추기는 게시물을 올렸어요. 이에 트위터는 트럼프의 글은 폭력을 미화하는 것으로 보일 수 있기 때문에 폭력을 반대하는 트위터의 정책을 위반했다며 트럼프의 계정을 영원히 폐쇄시켰어요.

그런데 트럼프는 이를 두고 트위터가 정치에 개입하고 있다며 누구도 개인의 표현을 검열하고 삭제할 권리가 없다고 맞섰어요. 여러분은 트럼프의 계정을 폐쇄한 트위터의 결정을 어떻게 생각하나요? 소셜미디어에서의 영향력은 날로 커지는데, 이것을 단순히 개인의 표현 권리로 봐야 할지 다른 사람들을 위해 개인의 표현을 검열해야 하는지는 고민해 볼 문제예요.

어디까지 속아 봤니, 딥페이크!

인공지능 기술은 사람의 얼굴이나 목소리를 조작하는 데에도 사용되고 있어요. 이 기술은 가짜 뉴스를 더 정교하게 만들기도 해요. 미국 대통령 선거가 한창이던 2016년, 당시 대통령이었던 오바마가 상대 후보인 트럼프 대통령에게 머저리라고 말한 인터뷰 영상이 소셜미디어에 떠돌아다니기 시작했어요. 분명 오바마의 얼굴이었고, 오바마의 목소리였죠. 게다가 사진처럼 움직이지 않는 모습이 아니라 실제로 말하고 있는 동영상이었어요. 입 모양이나 표정, 몸짓이나 손짓까지 모두 오바마가 틀림없었어요. 하지만 이건 조작된 영상이었어요.

딥페이크는 인공지능 기술을 이용해서 사람의 모습을 인식한 뒤, 원하는 모습으로 움직이게 하거나 다른 사람의 말과 행동, 표정을 따라 하는 기술이에요. 오바마의 평소 인터뷰 영상을 분석해서 눈썹 움직임, 입술 모양, 눈동자의 위치 등 거의 모든 움직임을 인공지능으로 분석하면 오바마의 몸짓과 표정, 목소리로 '머저리'라고 말하는 모습을 만들 수 있죠.

딥페이크 기술은 음란물을 만드는 데에도 사용되고 있어 문제가 심각해요. 특히 유명 k-pop 가수들의 얼굴을 인공지능으로 분석해서 음란물에 합성하는 사건이 많아졌어요. 대중에게 좋은 이미지를 보여야 하는 연예인이 막대한 피해를 입고 있죠.

그렇다면 딥페이크 기술은 악마의 기술일까요? 꼭 그렇지는 않아요.

이 첨단 기술은 좋게 쓰이기도 해요. 딥페이크 기술을 사용해 독립운동가를 마치 살아 있는 듯 만들어 우리에게 큰 감동을 주었던 적도 있고, 신변을 보호해야 하는 사람들을 촬영할 때 얼굴에 모자이크 처리를 하는 대신 가상의 얼굴로 바꿀 수도 있고, 외국어로 된 영상을 실시간으로 한국어로 보여 줄 수도 있어요. AI 아나운서, AI 인플루언서도 빼놓을 수 없죠.

　딥페이크 기술이 나쁘게 이용되는 것을 막기 위해 많은 프로그램 개발자들이 노력하고 있어요. 한국의 한 AI 업체는 몇 분 안에 동영상이나 사진이 원본인지, 조작되었는지 알 수 있는 프로그램을 만들었다고 해요. 하지만 딥페이크 범죄를 막으려면 이것으로는 역부족이에요. 기술은 계속 발전하기 때문에 조작을 검증하는 프로그램보다 첨단 딥페이크 기술이 더 빨리 등장할 수도 있으니까요.

미디어 속 편견과 혐오

차별과 혐오가 뭐예요?

세상 모든 사람은 생김새도 성격도 취향도 달라요. 우리는 이런 차이를 인정하고 존중해야 해요. 그런데 이런 차이를 두고 차별을 하는 사람들이 있어요.

만약 나와 성별이나 피부색이 다르다고 상대방을 놀리거나 조롱하면 그것은 '차별'이에요. 혐오는 차별을 당연히 여기는 걸 말해요. 단순히 무엇을 싫어하는 것은 혐오가 아니에요. 하지만 "흑인은 피부가 검기 때문에 더러울 거야. 그래서 흑인을 보면 당연히 피해야 해!"처럼 차이를 핑계로 상대방에게 상처를 주고, 그것을 당연하게 여기면 혐오예요.

미디어 세계에서는 서로 얼굴을 보지 않는다는 걸 이용해서 더 심한 말을 하고, 혐오를 부추기기도 해요.

우리가 미디어에서 만나는 모든 사람은 미디어 속 시민이에요. 미디어 밖에서 지켜야 할 기본적인 예의와 지켜져야 할 권리가 있듯 미디어 속에서도 서로 예의를 지키고 개개인의 인권을 침해해선 안 돼요.

미디어가 편견을 키운다고요?

개굴개굴 개구리 노래를 한다
아들, 손자, 며느리 다 모여서

노랫말만 들어도 멜로디가 떠오르는 국민 동요 〈개구리〉에도 '차별'이 있다는 사실을 알고 있나요? '아들, 손자, 며느리'라는 가사는 가족을 남성 중심으로 표현했어요. 아빠가 아니라 '아들'로, 엄마가 아니라 '며느리'로, 또 '손녀'는 없고 아들인 '손자'만 있어요. 이렇게 가족의 모습을 남성 입장에서만 표현하는 건 다양한 가족의 모습을 인정하지 않는 차별이에요.

이것 말고도 미디어 속 차별은 아주 많아요. 〈아기상어〉에 나오는 상어 캐릭터에 할머니, 엄마, 딸은 모두 분홍색이나 노란색 계열로, 아빠나 할아버지, 아들 상어는 파란색이나 검은색 계열로 표현되어 있어요. 색깔과 성별은 아무 상관이 없지만, 이것을 보고 자란 아이들 중에 '노란색 옷을 입은 남자아이'나 '파란색 신발을 신은 여자아이'를 독특하다고 생각하는 아이들이 있을 수도 있죠.

성차별뿐만이 아니에요. 방송통신위원회가 한국 드라마에 나오는 표준어와 사투리를 조사했더니, 주인공 중 97%가 표준어를 사용했다고 해요. 한국 사람 중 사투리를 쓰는 사람은 절반이 넘는데, 드라마 속 주인공은 모두 표준어만 쓰고 있으니 이상하지 않나요? 게다가 사투리를 쓰는 등장인물을 조사했더니 가난하고 폭력적인 인물이 많았어요.

이렇게 한쪽 성이나 한쪽 지역만 두드러지게 표현하면 미디어를 보는 사람에게 자칫 잘못된 편견을 심어 줄 수 있어요.

혐오는 왜 위험한가요?

SNS나 온라인 커뮤니티에서 특정 지역이나 집단을 비난하는 일이 늘고 있어요. '급식충'이라는 말을 들어 본 적 있나요? 학교에서 급식을 먹는 청소년을 비하하는 말이에요. 일부 청소년이 인터넷이나 게임에서 욕설을 하며 매너 없는 행동을 했다고 '급식'에 곤충을 뜻하는 '−충'을 붙여 부르기 시작했어요. 이 말이 유행처럼 번지면서 청소년 전체를 '급식충'이라고 하는 사람들이 늘었어요. 하지만 이것은 분명한 '혐오 표현'이에요. 이 말을 들은 청소년들은 상처를 받을 수 있고, 청소년과 다른 세대 간에 갈등이 생길 수도 있어요.

혐오 표현이 오프라인으로까지 확대되면 상황은 더욱 심각해져요. '코로나19는 아시아인 때문에 발생했다'는 허위 정보가 미디어에서 떠돌자, 많은 사람이 아시아인을 차별하고 혐오하기 시작했어요. SNS에서 아시아인을 조롱하는 사진이나 글을 올리는 것을 넘어, 길가에서 만난 아시아인에게 다짜고짜 폭력을 휘두르는 사건이 심심찮게 뉴스로 보도되었어요.

혐오의 시작은 누군가의 오해와 편견이지만, 그것이 미디어에서 유행처럼 번지거나 실제로 폭력으로까지 이어지는 것은 다수의 '침묵' 때문이기도 해요. 누군가를 혐오하는 자극적인 게시물을 올렸을 때, 한 사람 한 사람이 힘을 모아 그것을 바로잡아 준다면 위험한 상황은 막을 수 있어요.

미디어는 모두가 함께 살아가는 곳이에요. 누군가의 상처와 눈물을 웃음거리로 삼는다면 그 사람은 함께 살아가는 시민이라고 할 수 없어요. '나 하나쯤 혐오 표현을 쓰는 것이 대수겠어?'라는 생각을 버리고, 나부터 혐오 표현을 쓰지 않고, 혐오 표현에 대해 침묵하지 않아야 해요.

우리 커뮤니티 말만 믿을 테야!

요즘 미디어는 끼리끼리 어울리기에 딱 좋은 곳이에요. 좋아하는 주제로 온라인 커뮤니티에서 활동하고, 관심 있는 해시태그를 검색하면 세계 곳곳의 소식도 모두 접할 수 있어요. 하지만 이렇게 끼리끼리 어울리다 보면 우리에게 반드시 필요한 '한 걸음 물러서서 사건을 이해하는 태도'가 무뎌진다고 해요.

몇 년 전 '노키즈 존(no-kids zone)'에 대한 사람들의 갈등이 심했던 적이 있었어요. 음식점이나 카페에서 아이들 때문에 편안하게 음식을 먹을 수 없다는 손님이 늘어났고, 몇몇 음식점에서는 아이들이 들어올 수 없는 노키즈 존을 만들었어요. 노키즈 존에 찬성하는 사람들과 반대하는 사람들의 갈등은 온라인 커뮤니티에서 확연히 드러났어요.

　반대하는 사람은 대부분 아이가 있는 부모였고, 찬성하는 사람은 젊은 층이 많았어요. 이들은 이용하는 미디어나 온라인 커뮤니티가 다르다 보니 서로의 입장을 들어 볼 기회가 적었어요. 부모들은 대개 육아 정보를 함께 공유하는 커뮤니티를 이용하고, 젊은 세대들은 데이트 장소나 맛집을 공유하는 커뮤니티를 주로 이용하기 때문이죠. 각각의 커뮤니티 내에서는 반대 의견은 거의 없고, 자신들의 입장만 반복해서 더해졌어요. 이런 분위기에 점차 무

여지다 보면 반대 의견을 가진 사람을 '이상한 사람'이나 '생각이 바르지 못한 사람'이라고 생각하게 돼요. 어쩌다 뉴스 댓글에서 서로의 입장을 확인하면, 서로를 향해 '맘충'이라든지 '요즘 애들은 이상해.'라며 비난할 수도 있어요.

어린아이가 사탕이나 초콜릿만 먹다 보면 식사를 꺼리기 시작해요. 그러면 영양소를 골고루 섭취하지 못해 제대로 성장하기 힘들어요. 마찬가지로 미디어에서도 끼리끼리 모이다 보면 한쪽의 정보만 접하게 돼요. 그러면 다른 사람을 이해하고 존중하는 마음을 가질 수 없죠. 그렇다면 색안경 없이 여러 의견 사이에서 균형을 잡으려면 어떻게 해야 할까요?

중간은 어떻게 정해요?

미디어는 우리의 생각과 언어에 조금씩 스며들기 때문에 자신이 색안경을 쓰고 있는지 스스로 깨닫기는 어려워요. 문득 다른 사람의 의견이나 생각이 너무 불편하게 느껴진다면 '혹시 내가 색안경을 쓰고 있는 것은 아닐까?' 하고 한 걸음 물러서서 점검하는 자세가 필요해요.

중간 지점은 양쪽 끝을 어디로 정하는지에 따라 달라질 수 있어요. 15cm 자를 가진 사람에게는 7.5cm가 중간이지만, 30cm 자를 가진 사람에게 중간은 15cm죠. 그렇기 때문에 '내 생각은 중간이야! 그러니 내 생각과 다르다면 너의 잘못이야!'라는 생각은 위험해요. '내 생각은 이러한데 너와 비교해 보면 그런 부분에서 차이가 있구나.'라고 생각하며 언제나 나와 다른 생각을 들어 보고 이해하려는 자세가 중요해요.

중간을 찾으라는 것이 무조건 다수의 의견을 따르라거나 자신의 의견을 주장하지 말고 항상 중립을 지키라는 뜻은 아니에요. 내 의견이 여러 사람의 의견과 비교했을 때 차이점은 무엇인지, 혹시 그것이 잘못된 생각은 아닌지 스스로 점검할 수 있어야 한다는 뜻이죠. 이렇게 자신의 생각을 스스로 점검하면 다양한 생각들 가운데서 균형을 찾을 수 있어요.

미디어 속 학교 폭력

학교에서는 학교 폭력을 예방하기 위해 다양한 프로그램을 만들고 있어요. 그렇다면 학교 폭력은 줄었을까요? 교육부의 조사에 따르면 학교 폭력이 아주 조금씩 줄어드는 추세지만, 사이버 학교 폭력은 오히려 증가했다고 해요.

사이버 학교 폭력은 말 그대로 사이버 공간에서 이루어지는 폭언, 따돌림, 협박 등을 말해요. 사이버 공간에서 이루어지는 학교 폭력은 다른 사람이 알기 힘들고, 증거를 찾기 어려워서 더 은밀하게 이루어지고 있어요. 중고 거래 앱을 이용해서 물건을 살 것처럼 접근해서는 물건을 빼앗는 일도 있고, 피해 학생을 상징하는 다른 단어를 사용해 모호하게 표현하면서 단체 대화방에서 집단으로 온갖 욕설과 폭언을 하는 경우도 있어요. 혹시 학교 폭력으로 의심받아도 "그 애한테 한 말 아닌데요?" 하면 어쩔 도리가 없다는 걸 악용한 것이죠. 심지어는 피해 학생의 얼굴을 합성해서 퍼뜨리는 '지인 능욕'이나 피해 학생이 대화방을 나가도 계속 다시 초대하고는 아무도 그 아이에게 대화를 걸지도 대답도 하지 않는 '메신저 감옥' 등도 일어나고 있어요. 사이버에서 벌어지는 폭력이 날이 갈수록 더욱 교묘해지고 있죠. 코로나19로 학급 SNS나 단체 대화방이 많아지면서 사이버 학교 폭력도 더욱 늘고 있어요.

그렇다면 사이버 학교 폭력에 잘 대처하려면 어떻게 해야 할까요? 먼저 작은 괴롭힘도 확실하게 거부해야 해요. 그래도 계속해서 괴롭힘이 심해지면 화면 캡처, 녹음 등 증거 자료를 남기는 것이 좋아요. 그리고 부모님과 선생님께 말씀드리고 필요하다면 '117 학교 폭력 신고 전화'나 학교 전담 경찰관에게 신고하거나 상담할 수 있어요.

무엇보다 이런 괴롭힘에 지쳐 있는 자신의 몸과 마음을 잘 보살펴야 해요. 학교 폭력 책임은 가해 학생에게 있어요. 그러니 자신을 원망하거나 질책하지 말고, 선생님이나 전문 상담사의 도움을 받아 상처받은 마음을 잘 회복하는 것이 중요해요.

어린이도 디지털 범죄의 희생양이 된다고요?

안녕? 너 몇 살이야? 너와 친해지고 싶어. 우리 친구 하자!

누군가 SNS에서 여러분에게 이렇게 말을 걸어온다면 단호하게 거절할 수 있나요? '나와 친해지고 싶다니 어떤 아이일까?', '직접 만나지만 않으면 되지.'라고 생각하지는 않나요?

많은 어린이와 청소년이 이런 친구 요청을 거리낌 없이 수락한다고 해요. SNS에서 친구 수가 많을수록 자신이 더 멋진 사람이 되었다고 생각하는 사람이 많은데, 이 심리를 이용해 친구가 되자고 속인 뒤 정보를 빼내는 경우도 종종 있어요.

'너 게임 되게 잘한다. 너 이름이 뭐야?', '너랑 더 가까워지고 싶은데, 휴대전화로 전화해도 될까?', '네 모습이 궁금해. 얼굴이 잘 나온 사진 좀 보내 줘.' 이런 말들도 언뜻 보면 나와 친해지려는 대화 같지만 실제로 우리의 이름, 전화번호, 얼굴이 드러난 사진 등을 빼내려는 속임수일 수 있어요.

나이와 생일, 생김새, 목소리, 주소, 전화번호처럼 여러 사람 중에 '나'라는 개인을 가려낼 수 있는 정보를 '개인 정보'라고 해요. 내 개인 정보가 함부로 유출되면 누군가가 마치 나인 듯 행세하고 심지어 나쁜 범죄를 저지르기도 해요. 내 전화번호와 주소를 이용해 쇼핑몰에서 비싼 물건을 사거나, 은행 계좌를 만들어 범죄 조직의 자금을 관리하는 데 사용하기도 해요. 심지어 내 얼굴을 음란물과 합성해서 다른 사람에게 퍼뜨리겠다며 협박하는 범죄도 있어요.

이런 피해를 막으려면 제일 먼저 SNS에 올린 사진이나 개인 정보를 '친구 공개'나 '비공개'로 바꿔야 해요. 또 SNS에서 모르는 사람과 친구가 되기 전에 그 사람이 실제로 어떤 사람인지 잘 살펴보는 과정이 필요해요. 요즘에는 프로필 사진이나 게시물까지 가짜로 올릴 수 있으니 한 번 더 의심하면서 지켜볼 필요가 있어요.

혹시라도 자신의 정보가 유출된 것 같다면 경찰청 사이버안전지킴이에 신고해요. 무엇보다 아무리 친하더라도 내 개인 정보를 알려 주면 안 된다는 걸 명심하고, 친구 요청을 받아 줄 때도 조심해야 해요.

좋은 콘텐츠를 가려내는 나만의 기준 만들기

▶ 유튜브에는 셀 수 없이 많은 콘텐츠가 있어요. 그중에는 좋은 콘텐츠도 많지만, 나쁜 콘텐츠도 많아요. 다음은 전염병 확산을 막기 위해 원격 수업을 실시하는 것에 대한 콘텐츠입니다. 어떤 것이 좋은 콘텐츠이고, 나쁜 콘텐츠일지 생각해 봐요.

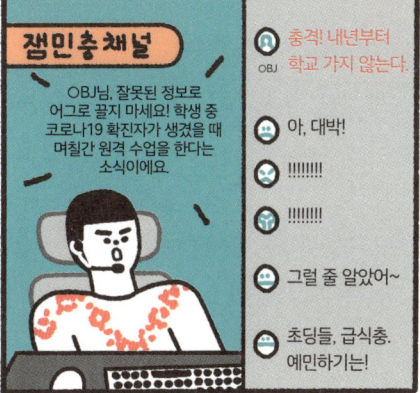

▶ 다음 영상이 왜 나쁜 콘텐츠인지 생각해 보고, 답을 찾아 연결해 보세요.

● ㉠ 비속어를 사용하고 있다.

● ㉡ 섬네일과 영상 제목이 지나치게 과장되어 있다.

● ㉢ 초등학생을 혐오하는 표현을 사용했다.

● ㉣ 폭력적인 모습이 나온다.

생각해 봐요!

영상 1에서는 섬네일과 영상 제목이 지나치게 과장되어 있어요. 코로나19 확진자가 발생했을 때 등교 수업 대신 원격 수업을 한다는 소식을 마치 모든 학생이 내년부터 학교에 가지 않는다고 표현했어요. 영상 2에서는 BJ가 욕설과 비속어를 사용하고 있어요. 영상 3에는 인형을 마구 때리고 던지는 폭력적인 장면이 나와요. 아무리 인형이더라도 사람 모형을 한 인형을 함부로 대하는 장면은 불쾌감과 불안감을 줄 수 있어요. 영상 4에는 초등학생을 '초딩, 급식충, 잼민충'으로 부르며 초등학생 모두를 까다롭고 예민한 사람이라며 차별하고 혐오하고 있어요.

▶ 우리는 하루에도 수십 개의 콘텐츠를 만나요. 하지만 자칫 한눈을 파는 사이에 어느새 안 좋은 콘텐츠를 보고 있는 자신을 발견할 때가 있어요. 이럴 때 자신만의 콘텐츠 고르는 기준을 세우는 것이 필요해요. 보기 에서 자신이 콘텐츠를 볼 때 중요하게 생각하는 기준을 골라 순서대로 표에 적어 보세요. 중요하게 생각하는 정도에 따라 점수도 매겨 보세요.

보기

- 욕설이나 비속어가 나오는가
- 음란한 장면이 있는가
- 폭력적인 장면이 있는가
- 다른 사람을 차별하거나 혐오하는가
- 정보의 출처가 믿을 만한가
- 과장된 표현이 있는가
- 재미있는가
- 공부에 도움이 되는가
- 내 휴식이나 성장에 도움이 되는가
- 기타

생각해 봐요!

내가 만든 이 기준표로 좋은 콘텐츠와 나쁜 콘텐츠를 간단하게 구별할 수 있을 거예요. 이 기준표는 계속 더 보완하고 고쳐 나가야 해요. '좋다'의 기준은 사람마다 다를 수 있고, 몸과 마음이 성장하면서 내 취향이나 가치관이 바뀌기도 해요. 또 숙제를 위해서 보거나 휴식을 위해서 보는 등 콘텐츠를 보는 목적에 따라 기준은 얼마든지 바뀔 수 있으니까요. 중요한 건 이 기준표를 머리와 가슴에 새겨 일상에서 콘텐츠를 만날 때 '이 콘텐츠는 좋은 콘텐츠일까?' 하며 되묻는 습관을 길러야 한다는 점이에요. 디지털 미디어 리터러시는 생활 속에서 실천할 때 완성된답니다.

나만의 좋은 콘텐츠 기준	점수
1	
2	
3	
4	
5	
6	
7	
8	
9	
10	

미디어 세계에서 길을 잃지 않는 법

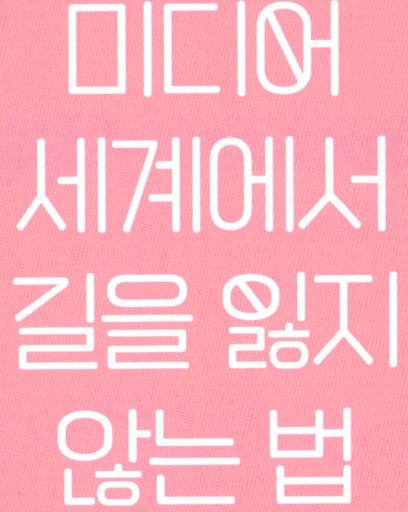

4

리터러시와 디지털 시민

디지털 발자국을 확인해 봐!

한 예능 방송에서 진행자가 매번 새로운 캐릭터를 연기하는 모습을 방송했어요. 트로트 가수가 되기도 하고, 치킨집이나 연예 기획사의 사장이 되기도 했죠. 그때마다 이름도 바꾸고, 옷이나 말투도 바꾸어서 진짜 그 일을 하는 사람처럼 보였어요. 사람들은 그 모습을 '부캐'라고 부르며 열광했죠. 여러분도 혹시 미디어 세계에 '부캐'가 있나요?

우리는 미디어에서 여러 모습으로 살아가요. 온라인 커뮤니티에서는 이름이 아닌 아이디로 활동하고, 게임에서는 게임 캐릭터로 활동하기도 해요. 그래서인지 미디어 속 모습을 진짜 자신이 아니라고 생각하고, 원래 성격과는 다르게 살기도 해요. 진짜 세상에서는 하지 않을 행동도 미디어 세계에서는 서슴없이 하기도 하죠.

미디어 바깥에서 내가 한 행동이 쌓여 내 모습을 만들 듯 '미디어 속 나'도 내가 미디어를 이용하는 평소 모습이 쌓여 만들어져요. 프로필 사진, 아이디, 클릭한 게시물, '좋아요'를 누른 사진, 뉴스에 남긴 댓글 등 미디어에서 내가 한 모든 말과 행동이 내 모습이 되죠. 미디어에서의 모든 행동이 발자국처럼 남는다고 해서 '디지털 발자국'이라고 말하기도 해요.

디지털 미디어 리터러시가 왜 필요해요?

'바깥세상의 나'가 규칙과 법을 지키며 살 듯 '미디어 세계 속 나'도 규칙과 법을 지키고 다른 사람을 존중해야 해요.

미디어 속 유행처럼 번지는 말 중에는 누군가를 비하하는 말이 많아요. 실제로 유명 유튜버가 사회적으로 소외되고 약한 사람들을 놀리고 비아냥거리는 표현을 썼는데, 그 미디어를 본 사람들이 유행처럼 그 말을 사용한 경우도 있었어요. 그 표현을 사용하는 청소년에게 물었더니 '잘못된 줄 알면서도 친구들끼리 쓰면 재밌어서', '나만 안 쓰면 소외될까

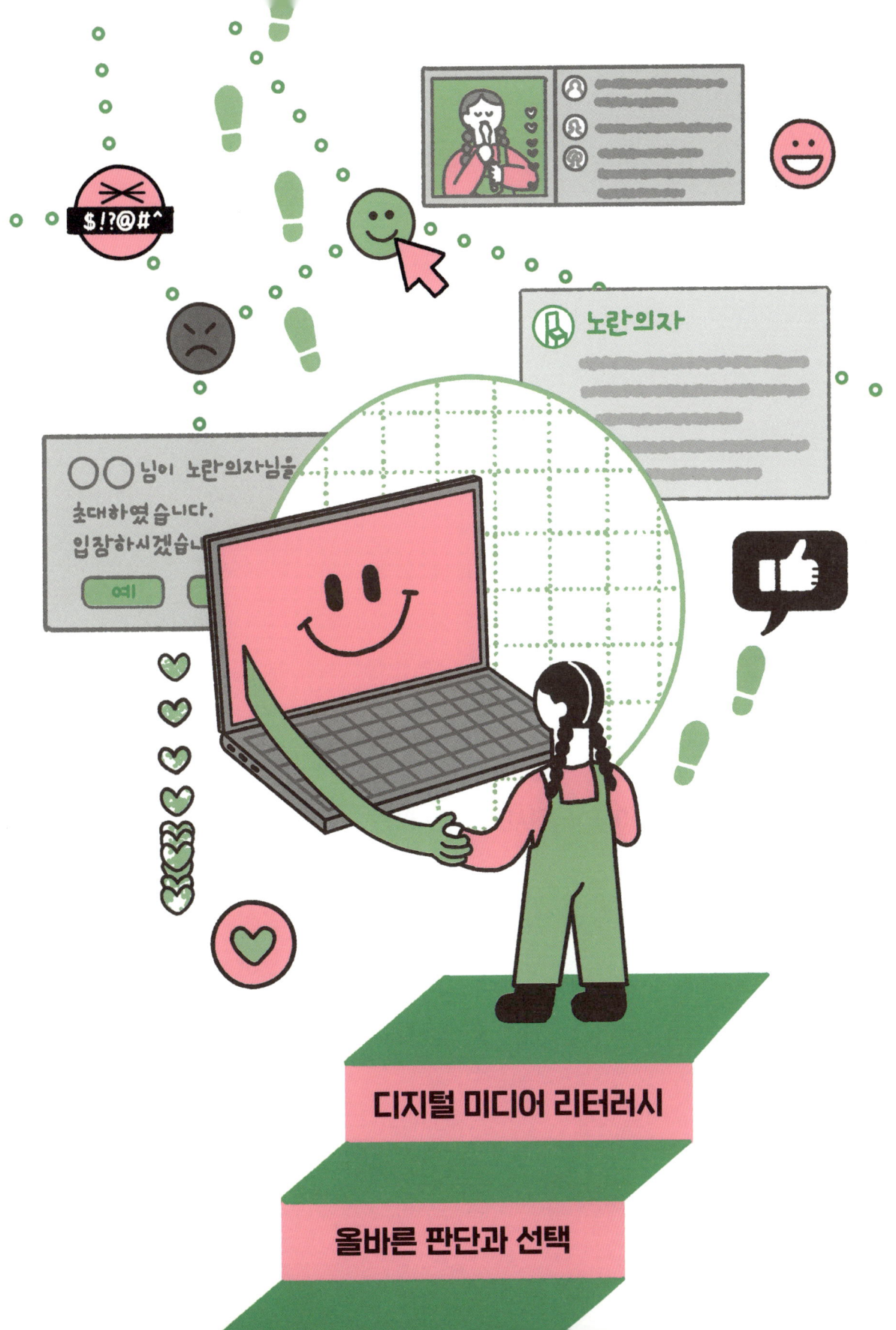

봐' 썼다고 답했어요.

방송통신위원회의 조사에 따르면 폭력적이고 자극적인 영상을 지속적으로 보면 다른 사람을 존중하는 마음이나 배려하는 마음이 점점 둔해진다고 해요. '미디어 세계 속 나'가 '바깥세상의 나'까지 폭력적으로 변화시킬 수 있다는 말이에요.

'미디어 세계 속 나'는 디지털 기술을 통해 공동체를 이루었기 때문에 '디지털 시민'이라고도 해요. 바른 디지털 시민이 되기 위해 디지털 미디어 리터러시를 갖추는 것은 우리 몸에 미디어 면역력을 키우는 것과 같아요. 세상에서 모든 감기 바이러스를 없애는 것이 불가능하듯 세상의 모든 미디어를 안전하고, 평화롭게 만드는 것은 불가능해요. 그러니까 디지털 미디어 리터러시를 잘 알고, 스스로를 잘 지켜야 합니다.

디지털 미디어 리터러시, 알기만 하면 되나요?

디지털 미디어 리터러시를 갖추면 나도 모르게 스며드는 미디어의 해로움을 막고, 나도 모르게 바뀌어 있는 내 말과 행동을 돌아보고, 미디어를 통해 만나는 사람들을 존중하고, 배려하는 진정한 디지털 시민이 될 수 있어요.

하지만 디지털 미디어 리터러시를 이해했다고 해서 이런 능력이 바로 생기지는 않아요. 쓰레기를 함부로 버리면 안 된다고 알고 있지만, 때때로 쓰레기를 버린다면 그건 제대로 안다고 할 수 없어요. 디지털 미디어 리터러시도 마찬가지예요. 아는 것에서 그치지 않고, 실천까지 해야 하죠.

   디지털 세상에서 우리가 사용하는 미디어의 종류가 아주 다양하고, 각 미디어마다 서로 다른 특징이 있지만, 디지털 미디어 리터러시는 모든 미디어에 필요해요. 미래에 기술이 발전하고, 새로운 미디어가 나오더라도 디지털 미디어 리터러시를 제대로 갖춘다면 안전하고, 현명한 디지털 시민이 될 수 있어요.

현명한 디지털 시민

인터넷 미끼를 물지 마!

 사람들은 정보가 넘치는 인터넷을 '바다'에 빗대어 표현해요. 우리는 그 바다를 자유롭게 헤엄치며 여러 가지 정보도 만나고 새로운 사람과 소통할 수도 있어요. 하지만 이 바다에는 호시탐탐 우리를 노리는 나쁜 낚시꾼도 있어요. 인터넷에서 개인의 정보나 돈을 노리고 속이려는 행위를 '피싱'이라고 해요. 피싱은 개인 정보(personal information)와 낚시(fishing)의 합성어예요. 쉽게 말해 사람들이 좋아할 만한 미끼를 던져 개인 정보를 빼내는 속임수죠. 경찰이나 은행 직원인 척 전화를 걸어 정보를 빼내는 '보이스 피싱'은 사회적으로도 큰 문제가 되고 있어요.

택배 문자나 사은품 당첨 문자인 듯 속이는 피싱도 있어요. 이런 피싱은 메시지를 뜻하는 SMS를 붙여 '스미싱'이라고 해요. 실제로 청소년에게 유명 아이돌 그룹의 콘서트 티켓을 공짜로 준다며 '아래 링크로 신청해 주세요. www.스미싱.com'이라는 문자를 보내, 휴대전화에 있는 모든 정보를 빼 간 사건도 있었어요.

이렇게 개인의 정보와 돈을 노리는 미끼에 낚이지 않으려면 어떻게 해야 할까요? "뭔가를 공짜로 쓰고 있다면, 당신이 바로 상품이다."라고 했던 말 기억하나요? 값이 터무니없이 낮거나 제품의 효과가 과장된 상품은 주의해야 해요. 의심스러운 링크는 함부로 누르지 말고, 발신자가 누군지 인터넷에 검색해 보는 자세도 중요해요. 어쩌면 누군가 이미 피해를 입었다며 올린 글을 확인할 수도 있어요. 이렇게 간단한 방법으로도 진짜와 미끼를 구별할 수 있답니다.

인터넷 기사가 우리를 낚는다고요?

女 연예인, 복서에게 복부 강타당했다? '충격!'

이 기사를 보고 흠칫 놀라지 않았나요? '복서에게 복부를 맞았다니, 그 연예인이 다치진 않았을까?', '연예인이 어쩌다 권투 선수에게 맞았지?' 하며 걱정스러운 마음에 기사를 클릭한 사람도 많을 거예요. 그런데 이 기사는 복싱 시범을 보이다가 벌어진 일을 마치 폭력 사건처럼 과장한 기사였어요. 사람들의 관심을 끌어 예능을 홍보하려 한 거죠.

언론사는 기사의 제목을 과장되게 지어 사람들의 눈길을 끌려고 해요. 최근에는 경쟁하듯 더 자극적이고, 과장된 제목을 지어 문제가 되고 있어요.

종이 신문만 팔던 때에는 신문을 팔아 수익을 남겼는데, 이제는 종이 신문보다 인터넷 기사에 광고를 넣어 돈을 버는 경우가 훨씬 많아졌어요. 그런데 광고 수익은 사람들이 그 기사를 많이 볼수록 가격이 높게 정해지기 때문에 언론사들이 조회 수를 늘리려고 일부러 제목을 과장해서 적기 시작했어요. 다른 언론사의 기사보다 조금이라도 눈에 띄게 하려고 '충격', '경악', '발칵' 등의 자극적인 단어를 마구 사용하거나 일부러 폭력적이거나 선정적인 상황인 듯 제목을 쓰는 언론사가 늘고 있어요.

이런 뉴스에는 속기 쉬워요. 제목만 보고 이것이 과장인지 아닌지 판단하기 어렵기 때문이에요. 하지만 이런 낚시성 기사도 거를 수 있는 몇 가지 방법이 있어요.

먼저 언론사를 확인해 보세요. 수익이 일정하지 않은 작은 언론사는 광고 수익을 늘리려고 과장된 제목을 사용할 수 있어요. 어떤 기자가 썼는지도 꼭 확인해 보세요. 기자의 소속과 이름, 이메일 등 기자 정보가 정확히 나와 있는 기사일수록 낚시성 기사가 아닐 확률이 높아요. 또 낚시성 기사를 발견했다면 절대 여러분의 '클릭'을 주지 않아야 해요. 좀 더 나아가 낚시성 기사에 '신고'를 누르거나 기자에게 항의하는 메일을 보내는 것도 좋아요.

나쁜 기사를 나쁘다고 말하고, 그 기사나 언론사를 무시한다고 낚시성 기사가 바로 없어지지는 않아요. 하지만 이런 행동은 언론사가 가장 두려워하는 일이에요. 언론사의 인기가 점점 떨어지면 조회 수도 내려가고 그에 따라 광고 수도 줄어들 테니까요.

그래프와 사진은 믿어도 될까요?

가짜 뉴스의 피해를 줄이려면 무엇보다 기자의 노력과 더불어 가짜 정보에 속지 않으려는 시민의 노력도 필요해요. 하지만 우리가 모든 뉴스의 정보를 검증하기는 힘들죠. 언론이나 소셜미디어, 온라인 커뮤니티에서 떠도는 가짜 뉴스를 찾아내 무엇이 사실이고 무엇이 거짓인지 검증하는 곳들이 있어요. 대표적으로 서울대학교의 팩트체크센터예요. 이 기관은 뉴스 속 사진이나 그래프도 조작되었는지 확인한다고 해요.

다음의 두 그래프를 비교해 보세요. 둘 다 영어 시험의 점수를 나타낸

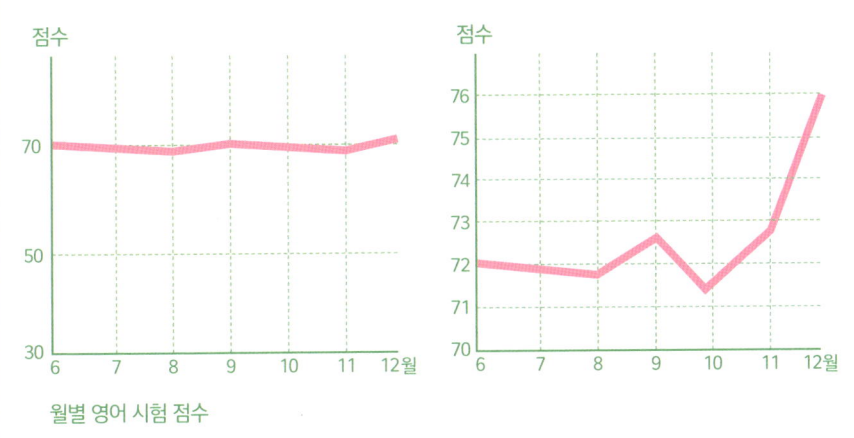

월별 영어 시험 점수

그래프인데 세로축의 범위를 어떻게 나타내는지에 따라 왼쪽 그래프는 영어 실력이 안정되어 보이고, 오른쪽 그래프는 영어 실력이 들쑥날쑥한 듯 보여요. 그래프는 복잡한 정보를 한눈에 알 수 있는 장점이 있지만, 어떻게 나타내는지에 따라 정반대의 정보를 전달할 수 있어요.

최근에는 디지털 기술의 발달로 사진이나 영상까지 조작할 수 있게 되면서 가짜 뉴스를 구분하기 더 어려워졌어요. 한 온라인 커뮤니티에서는 대통령이 국기에 대한 경례를 왼손으로 했다며 대통령에게 날 선 비난을 쏟아 냈어요. 사실 이 사진은 조작된 사진이었어요. 하지만 사진이 가짜라고 생각지도 못한 많은 사람이 조작된 사진을 사실로 믿었어요. 조작된 사진이 퍼지자 또 다른 가짜 뉴스가 생겨나며 일파만파 퍼졌지요. 이 논란은 청와대에서 원본 사진을 직접 공개하고 나서야 진정되었어요.

허위 조작 정보를 발견하면 어떻게 해요?

그래프 조작부터 딥페이크 기술까지, 우리가 살아가는 미디어 세계에는 조작된 정보가 너무 많아요. 이런 허위 조작 정보에 넘어가지 않으려면 어떻게 해야 할까요?

첫째, 제목에 속지 않아야 해요. 게시 글이나 인터넷 기사의 제목을 보고, 바로 클릭하지 마세요. 우리의 클릭을 얻기 위해 제목을 자극적으로 쓰지 않았는지 생각해 보세요.

둘째, 못 미더운 사실이 있다면 한 번 더 검색해 보세요. 기사 하나만 보고 덜컥 믿을 것이 아니라, 다른 언론이나 인터넷에서 다시 찾아보는 자세가 필요해요.

셋째, 숨은 의도를 파악해요. 허위 조작 정보는 항상 그 뒤에 노리는 것이 있어요. 우리의 클릭, 돈, 개인 정보 등이 대표적이죠. 이 의도를 파악하려면 '출처'를 확인하면 돼요. 그 정보를 누가 만들었는지 알면 그 정보를 왜 만들었는지 짐작할 수 있어요. 출처를 알면 궁금한 점을 직접 물어볼 수도 있어요. 만약 출처가 없다면 의심스러운 정보겠죠?

넷째, 한번에 믿는 습관을 버려야 해요. 제목이나 사진, 그래프, 동영상 등 미디어 속 정보는 모두 누군가의 '선택'을 거쳐 우리에게 전달돼요. 때로는 나쁜 사람들의 '조작'과 '거짓'도 전달되죠. 저울의 바늘이 정확한 무게를 측정하기 위해 끊임없이 좌우로 움직이듯 우리도 미디어 속 정보

를 판단할 때 노력이 필요해요.

　마지막으로 아직 검증되지 않았거나, 이미 허위 조작 정보로 들통난 이야기를 함부로 공유해서는 안 돼요. 큰 댐이 무너지는 것도 작은 바늘구멍에서 시작돼요. 재밌어서 또는 신기해서 가벼운 마음으로 허위 조작 정보를 다른 곳에 공유한다면, 미디어라는 큰 댐에 바늘구멍을 내는 것과 같아요. 진정한 디지털 시민이라면 허위 조작 정보를 발견했을 때 적극적으로 신고해야 해요.

허위 조작 정보가 없다면 믿어도 될까요?

　미디어 세계에 허위 조작 정보가 하나도 없다면, 그때는 미디어의 모든 정보를 믿어도 될까요? 아쉽게도 그렇지 않아요. 어쩌면 100% 사실만 다루는 것은 불가능해요. 미디어를 통해 전달되는 과정에는 반드시 '선택'이 필요하고, 그 선택에는 선택한 사람의 생각과 관점이 들어가기 때문이에요. 하나의 사건도 어떻게 보는가에 따라 여러 진실이 있어요.

　2017년 한 버스에서 어린아이가 먼저 내리고 엄마는 미처 내리지 못했는데 버스가 출발해 버린 사건이 여러 언론사를 통해 보도되었어요. 엄마는 버스 기사에게 버스를 세워 달라며 절규했지만 버스 기사는 아랑곳없이 출발했고, 오히려 엄마에게 욕설을 했다는 내용이었어요. 이 뉴스가 사람들의 관심을 얻자 여러 언론사가 같은 내용의 기사를 보도했어요. 버스 기사는 사람들에게 온갖 비난을 받아야만 했죠. 그런데 CCTV를 확인해 보니, 버스 기사는 도로 위에 설치된 차단봉 때문에 버스를 세우기 힘들었고, 엄마도 버스를 세워 달라며 절규한 적이 없었어요. 그렇다면 도대체 '절규하던 엄마'와 '이를 무시한 버스 기사' 이야기는 어디서 시작되었을까요?

이 이야기를 제일 처음 인터넷에 올린 사람은 버스에 탄 승객 중 한 명이었어요. 그 승객은 아이와 함께 내리지 못해 당황해하는 아이 엄마가 애처로워 그런 글을 썼다고 해요. 그러니까 글을 올린 승객에게는 '절규하던 엄마'도 '이를 무시한 버스 기사'도 진실이었던 셈이죠. 만약 승객이 엄마가 아닌 버스 기사와 가까이 앉았다면 버스 기사의 상황을 더 잘 이해하고, 엄마를 '터무니없이 차를 세워 달라고 하는 승객'처럼 적었을지도 몰라요. 처음 글을 올린 승객은 엄마의 상황과 CCTV 속 상황을 모두 알고 나서야 자신이 그 상황을 '함부로' 썼다는 것을 알게 되었죠.

하나의 사건에는 여러 가지 진실이 있어요. 이 사건을 누가, 어떻게 바라보는지에 따라 여러 가지 진실 중 일부만 보일 수도 있어요. 그렇기 때문에 사건에서 한 걸음 물러서서 여러 관점으로 보는 태도가 필요해요. 엄마 옆에 있던 승객도, 그 승객이 쓴 글을 보고 기사로 보도했던 기자도, 그 기자가 쓴 기사만 보고 버스 기사를 비난했던 모든 사람도, 결국 한 걸음 물러서서 사건의 여러 진실을 이해하려는 태도가 부족했던 것이죠.

눈 뜨고 코 베이는 미디어 속 덫, 추천 알고리즘

진실을 오해하게 하는 데 '추천 알고리즘'도 큰 역할을 해요. 추천 알고리즘은 유튜브, 페이스북, 인스타그램과 같은 SNS에서 우리가 '좋아요'를 누르거나 댓글을 남긴 게시물을 분석해서 그 게시물과 비슷한 사진이나 동영상을 끊임없이 보여 줘요.

또 네이버나 다음처럼 포털 사이트의 뉴스 서비스에도 추천 알고리즘이 사용되고 있어요. TV로 뉴스를 볼 때는 A 뉴스를 보려면 A 방송사 채널로 가고, B 뉴스를 보려면 B 방송사 채널로 가야 했어요. 인터넷 뉴스는 여러 언론사의 기사들이 하나의 포털 사이트에 모여 있어서 따로 언론사로 들어갈 필요가 없어요. 이런 포털 사이트의 첫 화면에 나오는 뉴스는 알고리즘으로 배치돼요. 알고리즘이 뉴스를 잘 보이게 혹은 잘 보이지 않게 할 수 있는 거죠.

미디어 기업이 정교하게 설계해 놓은 알고리즘 때문에 강제로 특정 주제의 게시물을 계속 보게 되거나, 한쪽으로 치우친 뉴스만 접하면서 세상을 보는 눈이 점점 어두워져요. 미디어 기업들이 놓은 덫에 눈 뜨고 코 베이는 꼴이 되고 말죠.

알고리즘의 덫에 빠져들지 않으려면 미디어 기업이 추천하더라도 그것이 좋은지 안 좋은지 스스로 판단하는 자세가 필요해요. 하지만 '좋다'는 기준은 사람마다 달라서 무엇이 좋은 것인지 헷갈리기도 해요. 편안

하고 조용한 분위기를 좋아하는 사람과 신나는 파티를 즐기는 사람은 분명 좋은 영상에 대한 생각이 다를 테니까요. 그렇다고 해도 누가 봐도 분명히 안 좋은 미디어는 있어요. 다른 사람을 놀리고 비아냥거리는 말이나 행동, 다른 사람을 속이거나 잘못된 정보를 퍼뜨리는 일, 생명을 함부로 대하는 영상이나 기사는 피해야 해요.

세계 지적재산권의 날이 있다고요?

유엔에는 지식 재산을 보호하고 창작 활동을 장려하는 전문 기관인 세계 지적재산권 기구(WIPO)가 있어요. 한국도 1979년 회원으로 가입했답니다. 디지털 미디어가 발달하고 다양해지면서 지적재산권에 대한 인식과 존중이 점점 중요해지고 있어요. 이에 세계 지적재산권 기구에서는 2000년 회원국과 합의해 매년 4월 26일을 '세계 지적재산권의 날'로 정하고 2001년부터 기념하고 있어요. 이날이 되면 회원국마다 기념행사를 열고, 전 세계에서 국제적 보호 시스템을 통해 경제·사회·문화 발전을 이끄는 지적재산권 개발에 대해 토론하고, 기술 혁신에 대한 연구 발표도 한답니다.

내 정보는 내가 지켜요

누군가 내 스마트폰이나 PC를 해킹하거나, SNS 기업이 통째로 해킹을 당하면 우리 정보는 속수무책으로 빠져나가요. 실제로 페이스북에 가입된 5억 3300만 명의 휴대전화번호 정보가 유출된 적이 있어요. 하지만 이렇게 미디어 서비스 자체가 해킹을 당하더라도 조금만 주의를 기울이면 정보가 더 많이 유출되는 걸 막을 수 있어요.

먼저 디지털 기기나 계정이 악성 코드나 바이러스에 해킹당하지 않도록 사이버 백신 프로그램을 설치해요. 안랩이라는 정보 보안 업체에서는 백신 프로그램을 무료로 제공하고 있으니 홈페이지에서 백신 프로그램을 받아 설치해 보세요. 또 애플리케이션 업데이트는 자주 해 주는 것이 좋아요. 새로운 해킹 프로그램이 생겨나면 스마트폰 애플리케이션은 그에 맞게 새로운 백신 프로그램을 업데이트해 주기 때문이죠.

내가 이용하는 사이트마다 비밀번호를 다르게 설정하는 노력도 필요해요. 모든 사이트의 비밀번호가 같으면 내가 이용하는 사이트 중 하나만 해킹당해도 결국 모든 사이트를 해킹당하게 돼요. 이럴 경우를 대비해서 두세 가지 비밀번호를 만들어서 사용해 보세요.

한국인터넷진흥원에서는 안전한 비밀번호를 만드는 방법을 소개하고 있어요. 노래 제목이나 명언, 속담을 내게 맞게 수정해서 사용하거나 나만 알고 있는 특정한 단어를 나만의 규칙에 따라 몇몇 글자만 사용하는 거예요. 예를 들어 '백설 공주와 일곱 난쟁이'를 홀수 번째 문자만 따서 '백공와곱쟁'으로 설정하는 방법이 있어요. 또 단순히 길이만 긴 것보다 문자, 숫자, 특수 문자를 모두 조합해서 사용하는 것이 좋아요. 반대로 문자나 숫자를 일정한 규칙에 따라 배열하거나 ID와 비슷하게 비밀번호를 설정하는 것, 이름, 생일, 주소처럼 개인 정보를 비밀번호로 사용하는 것은 위험하다고 해요.

무엇보다 누군가 개인 정보를 물으면 일단 의심해 보는 자세가 필요해요. 나쁜 의도로 묻지 않더라도 일단 정보가 미디어에 돌아다니면 다시

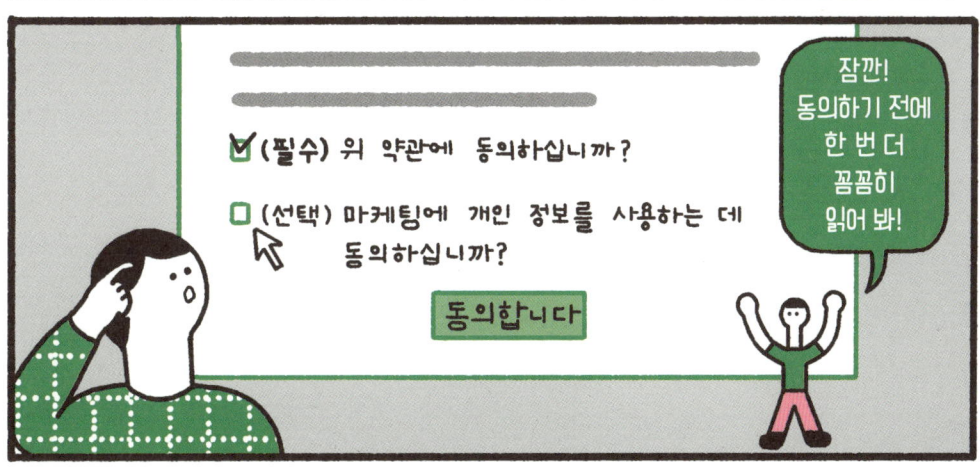

주워 담기가 힘들어요. 게다가 인터넷에 떠돌아다니는 내 정보는 범죄자의 먹잇감이 될 수 있죠. 그러니 혹시라도 다른 사람이 개인 정보를 요구한다면 그 사람이 누구인지, 왜 필요한지 알아보세요.

동의하기 전에 꼭 다시 읽어 봐!

어떤 서비스에 가입하기 위해 '위 약관에 동의하십니까?'라는 질문에 체크를 해 본 적 있나요? 사이트에 가입하거나 게임 아이디를 만들 때도 이런 문구가 꼭 나와요. 이 체크에 담긴 의미는 엄청나게 커요. 내 정보를 누구에게 어디까지 공개할지 결정하는 중요한 일이죠. 그런데 약관이 복잡하고 어려운 용어가 많아서 읽지도 않고 체크하는 경우가 많아요. 꼼꼼하게 읽지 않고 약관에 동의하면 내 정보가 다른 기업에 넘어가도록 내가 허락한 셈이 돼요.

앞으로 회원 가입을 할 때 약관을 꼼꼼히 읽어 보세요. '광고성 정보 수신 동의'에 동의하지 않으면 막무가내로 시선을 뺏는 광고로부터 개인 정보를 안전하게 지킬 수도 있어요.

미디어 캠페인으로 선한 영향력 펼치기

유튜브나 SNS에서 얼음물을 뒤집어쓰는 아이스 버킷 챌린지 영상을 본 적이 있나요? 아이스 버킷 챌린지는 온몸이 마비되는 루게릭병에 관심을 불러일으키고 기부금을 모으기 위해 시작된 캠페인이에요. 이 캠페인은 소셜미디어를 통해 유행처럼 퍼져 나가기 시작했고, 무려 1000억 원이 넘는 기부금을 모을 수 있었어요.

미디어 속 캠페인은 미디어의 특징을 선하게 사용하는 좋은 예라고 할

아이스버킷 # 챌린지
루게릭병

수 있어요. 이전에는 팻말을 들고 표어를 외치며 캠페인을 홍보했지만, 이제는 미디어를 통해 언제 어디서나 캠페인을 홍보할 수 있어요. 만약 인플루언서들이 캠페인에 동참해 준다면 더욱 많은 사람에게 캠페인을 알릴 수도 있어요. 미디어를 통해 뜻을 함께하는 사람들을 모아서 협력하면 대형 언론사들이 주목하지 않았던 사건을 세상에 알릴 수도 있죠.

미투(MeToo) 운동은 성폭력이나 성희롱 피해자의 고통을 전 세계에 알릴 수 있었던 미디어 캠페인이에요. 한 유명 영화 제작자는 영화 업계에서 일하는 사람들을 오랜 기간 성적으로 괴롭혔어요. 영화 업계에서 이 사람의 힘이 셌기 때문에 아무도 그 일을 얘기하지 못하고 있었죠. 그런데 피해자 중 한 명은 이 사

MeToo # 미투운동

#BLACKLIVESMATTER

실을 소셜미디어에 알렸고, 비슷한 괴롭힘을 겪었던 사람들이 그 게시물을 공유하면서 해시태그에 "#MeToo"라고 적었어요. 이 일로 그 영화 제작자는 감옥에 가게 되었고, 미투 운동은 가려졌던 성폭력, 성희롱 사건을 세상에 알리는 중요한 역할을 하게 되었어요.

   미디어를 활용한 캠페인은 쉽게 찾을 수 있어요. 흑인이 겪는 인종 차별을 막기 위한 블랙 라이브즈 매터(blacklivesmatter) 운동도 있고, 코로나19 대유행으로 힘들게 고생하는 의료진을 응원하기 위한 #덕분에 챌린지도 있어요. 하지만 해시태그만 열심히 적는다고 해서 세상이 변하지는 않아요. 미디어 캠페인을 하며, 생활 속에서 선한 영향력을 실천해야 진정한

\# 덕분에 챌린지
\# 코로나 의료진 힘내요!

디지털 시민이라는 사실을 잊지 마세요.

저작권이 뭐예요?

만약 도둑질이 허용되는 교실에서 생활한다면 어떨까요? 사람들이 내 물건을 허락 없이 가져가도 친구가 도와주지 않고, 담임 선생님도 모르는 척 넘어간다면 얼마나 억울할까요?

모든 사람은 자신의 것을 보호받을 권리가 있어요. 우리 사회는 이 권리 덕분에 사람들의 모습과 물건을 온전히 지키며 살 수 있죠.

내 모습에 대한 권리는 '초상권'이라 하고, 내 저작물에 대한 권리는 '저작권'이라고 해요. 만약 여러분이 미술 시간에 그린 그림이 있다면 여러분은 그 그림에 대한 저작권을 가져요.

저작권을 더 정확히 이해하려면 '저작물'과 '저작자'에 대해 알아야 해요. '저작물'이란 자신의 아이디어로 만든 물건이나 작품을 말해요. 저작물은 아주 다양해요. 그림이나 물건은 물론이고 글이나 노래, 연주, 공연도 모두 저작물이 될 수 있어요. 그리고 그런 저작물을 만든 사람을 '저작자'라고 해요. 저작권은 저작물을 함부로 사용하지 못하도록 저작자에게 주어지는 권리예요.

저작권은 어떻게 확인하죠?

스마트폰에서 사용하는 수많은 앱과 프로그램, 디지털 기기로 들을 수 있는 음악, 사진이나 그림, 누군가의 생각이 담긴 게시물은 모두 저작권이 있는 저작물이에요.

혹시 학교 숙제를 하기 위해 인터넷에서 검색한 사진을 캡처해서 사용하거나 다른 사람의 글을 마치 내가 쓴 것처럼 복사한 적은 없나요? 좋아하는 가수의 노래를 몰래 다운로드해서 들은 적은요? 여기서 등장하는 복사, 캡처, 다운로드 등의 행위는 저작자의 시간과 노력이 담긴 저작물을 허락 없이 사용하는 범죄예요.

저작물을 바르게 사용하는 방법, 지금부터 알아볼게요. 어떤 물건에는 '사용 후 제자리에 놓아 주세요'라는 문구가 적혀 있어요. 이렇게 물건을 사용할 때 지켜야 할 조건을 적으면 그 물건을 온전히 보호하면서 사용할 수 있어요. 디지털 저작물에도 사용 조건을 표시해서 저작권을 보호하고 있어요. 그리고 이 조건은 저작자 자신이 직접 정할 수 있어요.

2001년 크리에이티브 커먼스(Creative Commons, CC)라는 단체가 크리에이티브 커먼스 라이선스(CCL)를 만들어 저작권 표시하는 방법을 통일시켰어요. 이전에는 저작권을 표시하는 방법이 없어서 매번 저작자에게 직접 허락을 구해야 했어요. 그런데 저작자의 연락처가 없거나 저작자가 외국 사람인 경우도 많아서 너무 번거롭고 힘들었죠. CCL은 전 세계 사람이 공통으로 사용할 수 있도록 해 이런 불편함을 덜어 주었어요.

CCL을 사용하는 방법은 아주 간단해요. 다른 사람이 내 저작물을 사용하고 싶을 때 지켜야 할 네 가지 조건을 저작물에 표시하면 끝이죠. 이 조건은 알파벳이나 그림으로 간단하게 표시해요.

첫째, **저작자를 표시해야 하는지(BY)** 정해요. 어떤 저작물에 BY가 표시되어 있다면 그 저작물을 사용할 때 반드시 출처나 저작자를 밝혀야 해요.

둘째로 **저작물을 사용하여 경제적인 이익을 볼 수 있는지(NC)** 정해요. 만약 NC가 표시되어 있는 저작물을 사용하면 다른 사람에게 팔거나 돈을 받고 보여 줄 수 없어요. 학교 숙제에 사용하거나 공익을 위해 사용할 때는 괜찮아요.

셋째로 **수정 금지(ND)**예요. 저작물에 ND 표시가 있으면 절대로 수정해서 사용하면 안 되고, 반드시 원본 그대로 사용해야 해요.

마지막으로 **이 저작물을 활용해서 다른 저작물을 만들 때 CCL은 똑같이 정하기(SA)**가 있어요. 누군가 내 그림을 사용해서 새로운 그림을 만들었을 때, 새로운 그림의 CCL은 내 그림에 적용된 CCL을 그대로 따라야 한다는 말이에요.

간혹 CCL이 표시되지 않은 저작물도 있어요. 이럴 때는 그 저작물을 만든 사람에게 허락을 구한 뒤에 사용해야 해요. "안녕하세요? 혹시 블로그에 있는 음식 사진을 제가 학교 숙제에 사용하고 싶은데 괜찮을까요?", "친구야, 네가 발표했던 자료를 옆 반 친구에게 전송해도 될까?" 이런 질

문을 습관화해 보세요. 이런 자세는 다른 사람의 시간과 노력을 존중하는 디지털 시민의 첫걸음이에요.

좋은 크리에이터가 되고 싶어요

좋은 크리에이터가 되고 싶다면 먼저 왜 크리에이터가 되고 싶은지 말할 수 있어야 해요. 단순히 유명해지고 싶다거나, 돈을 많이 벌고 싶다고 크리에이터가 되려는 순간, 조회 수와 구독자 수에 얽매여 바르지 못한 콘텐츠를 만들 수 있어요.

처음부터 거대한 목표를 잡을 필요는 없어요. 한국의 한 유튜브 크리에이터는 자신이 어렸을 적부터 궁금했던 여러 가지 실험을 실제로 해 보고 영상으로 기록하기 위해 유튜브를 시작했어요. 그런데 이 영상이 인기를 얻어 지금은 무려 380만 명이 넘는 구독자를 가진 스타가 되었어요. 또 미국의 한 크리에이터는 넥타이 매는 법, 면도하는 법 등 사소하지만 누군가가 가르쳐 줘야 하는 것을 영상으로 찍어 소개하는 채널을 운영하고 있어요. 그는 자신처럼 아버지의 도움을 받지 못한 사람에게 유용하고 실용적인 정보를 알려 주고 싶어서 유튜브를 시작했다고 해요. 이렇게 평소에 해 보고 싶었던 일이나 어릴 적 경험을 바탕으로 시작해도 좋아요.

크리에이터가 되고 싶은 이유가 생겼다면, 이제 내가 어떤 콘텐츠를 잘 만드는지 생각해 보세요. 사진을 잘 찍는지, 영상을 잘 만드는지, 아니면 그림을 잘 그리는지 말이죠. 만약 코딩을 배웠다면 간단한 게임이나 프로그램도 만들 수 있을 거예요.

이제 어떤 콘텐츠를 만들지 정했다면, 이 콘텐츠를 어떤 미디어를 통해 사람들과 나눌지 정해 보세요. 만약 영상을 만든다면 유튜브를 이용하거나 1분 이내의 짧은 영상이라면 자신의 소셜미디어 계정에 올려도 좋아요. 그림을 잘 그린다면 나만의 블로그를 만들거나 그림과 관련된 온라인 커뮤니티를 찾아 꾸준히 작품을 올려야 해요.

이렇게 자신의 콘텐츠를 올렸다면 이제 사람들과 작품에 대해 소통하고 이야기 나누는 것도 필요해요. 미디어는 박물관처럼 작품만 보는 공간이 아니라 그것을 만든 사람과 보는 사람이 함께 소통할 수 있는 공간이니까요.

마지막으로 이 모든 과정에서 항상 기억해야 할 것이 있어요. 바로 "지금 나는 디지털 시민으로서 행동하고 있는가?" 하고 항상 머릿속으로 점검해 보는 자세예요. 혹시 내 콘텐츠가 누군가를 차별하거나 혐오하는 것은 아닌지, 내 콘텐츠가 다른 사람의 저작권을 침해하지는 않는지, 다른 사람과 소통하면서 상처 주는 말을 하지 않는지 살펴보세요.

나는 어떤 크리에이터일까요?

▶ 세상에는 다양한 크리에이터가 있어요. 게임이나 악기 등 자신이 잘하는 것을 콘텐츠로 만들기도 하고, 기후 문제나 성차별처럼 사회의 여러 문제를 해결하기 위한 콘텐츠를 만들기도 해요. A, B, C는 각각 다른 크리에이터 유형을 대표해요. 여러분은 어떤 친구와 비슷한가요?

❶ 크리에이터가 되고 싶은 이유는 무엇인가요?
- A 내 재능을 뽐내고 싶어요.
- B 세상을 바꾸고 싶어요.
- C 사람들과 즐겁게 어울리고 싶어요.

❷ 어떤 콘텐츠를 만들고 싶나요?
- A 난 사진을 잘 찍어요. 내가 찍은 사진을 콘텐츠로 만들래요!
- B 사람들에게 우리 사회의 문제가 얼마나 심각한지 취재해서 영상으로 보여 줄래요.
- C 사람들이 가 보고 싶어 하는 장소에 직접 가서 라이브 방송을 할 거예요. 사람들의 반응이 궁금해요.

❸ 콘텐츠를 어떻게 만들 수 있을까요?
- A 고성능 카메라로 사진을 찍은 후에 PC에서 볼 수 있는 이미지 파일로 서상해요.
- B 찰나의 순간도 담을 수 있도록 쉽고 간편하게 휴대전화 카메라로 촬영해요.
- C 유튜브나 소셜미디어 앱을 이용하면 라이브 방송을 할 수 있어요.

❹ 완성한 콘텐츠를 어떻게 공유할까요?
- A 직접 찍은 사진을 블로그에 올려요.
- B 유튜브에 '세상을 바꾸는 ○○'이라는 채널을 만들어서 촬영한 영상을 올려요.
- C 사람들이 많이 볼 수 있는 유튜브를 이용해요.

A 재능 뿜뿜형

당신의 재능을 보여 주면, 다른 사람의 칭찬과 응원을 받을 수 있을 거예요. 응원에 힘입어 더 열심히 연습하면 실력을 더욱 키울 수도 있지요. 혹시 자기 실력이 자랑할 만큼은 아니라고 생각하나요? 괜찮아요. 어쩌면 여러분이 조금씩 노력하고 성장하는 모습이 더 큰 감동을 줄 수 있으니까요.

 B 선한 영향력형

이 세상은 대통령이나 정치인처럼 권력을 가진 사람의 것이 아니에요. 여러분이 세상의 주인이 되어 여러 문제를 해결하기 위해 콘텐츠를 만들고 사람들에게 알리는 것은 정말 값진 일이랍니다. 하지만 다른 사람의 관심을 끌고 설득하는 것은 참 어려워요. 그렇다고 무관심한 사람을 비난하거나 관심을 끌기 위해 정보를 조작하는 일은 금물이에요!

 C 소통형

더불어 살아가는 세상에서 다른 사람과 어울리는 것은 우리를 행복하게 해요. 여러분의 콘텐츠는 그 행복을 더욱 풍성하게 만들 수 있어요. 그런데 여러 사람과 소통하다 보면 나와 생각이 다르거나 갈등이 생길 때도 있어요. 그럴 때 차별이나 혐오로 다른 사람에게 상처를 주면 안 돼요. 또 비슷한 부류의 사람들과만 소통하다 보면 내 생각이 한쪽으로 치우칠 수 있어요. 언제나 한 걸음 물러서서 내 생각을 바라보는 지혜가 필요해요.

크리에이터가 되고 싶지만 막상 어떤 주제로 시작할지 막막할 수 있어요. 크리에이터가 되고 싶은 이유부터 콘텐츠 주제, 콘텐츠를 만들고 공유하는 방법 등 질문에 하나씩 답하다 보면 나에게 딱 맞는 방법을 찾을 수 있을 거예요.

1. 크리에이터가 되고 싶은 이유는 무엇인가요?
- 거창한 이유가 필요하지 않아요. 내가 원하는 것이 무엇인지 잘 고민해 보세요.
- 유명해지거나 돈을 벌고 싶다고요? 내 욕심 때문에 더 많은 것을 잃을지도 몰라요!

2. 그 목적을 이루기 위해 필요한 콘텐츠는 무엇인가요?
- 글, 그림, 소리, 영상 등 콘텐츠의 종류는 매우 다양해요.
- 관심 있고, 잘할 수 있고, 쉽게 접할 수 있는 도구를 이용하면 좋아요.

3. 그 콘텐츠를 어떻게 만들 수 있을까요?
- 영상 편집이나 동영상 업로드가 어렵다고요? 괜찮아요. 미디어 세계라면 혼자서도 찾아서 배울 수 있으니까요.

4. 완성한 콘텐츠를 어떻게 공유하면 좋을까요?
- 지금까지 둘러본 미디어 세계를 떠올려 보세요. 소셜미디어, 온라인 커뮤니티 등 공유할 곳은 아주 많아요.

자, 이제 어떤 크리에이터가 될지 머릿속에 그려지나요? 잠깐, 잊지 않았겠죠? 미디어 세상은 다른 사람들과 함께 살아가는 공간이에요. 내가 만든 콘텐츠 때문에 누군가 상처를 받거나 피해를 입지 않도록 잘 살펴봐야 해요. 우리는 모두 디지털 시민이니까요!

이제 적절한 로그아웃이 필요해요

'지나친 것은 부족한 것만 못하다'는 말이 있어요. 우리가 살아가는 데 꼭 필요한 음식도 너무 많이 먹으면 여러 가지 병에 걸릴 수 있어요. 스마트폰도 마찬가지예요. 스마트폰은 이제 우리 일상에 없어서는 안 될 필수 도구가 되었어요. 친구와 대화하고 물건을 사고 게임을 하는 것까지 거의 모든 생활이 스마트폰에서 이루어져요. 하지만 지나치게 스마트폰을 사용하는 것은 문제가 될 수 있어요.

스마트폰을 오래 하다 보면 자연스럽게 고개를 아래로 떨어뜨리게 되는데, 이런 자세로 오래 있으면 어깨가 굽어 쉽게 피로해져요. 특히 자기 전에 스마트폰을 사용하면 눈이 나빠지고, 어느새 잘 시간을 훌쩍 넘겨 규칙적인 생활을 할 수도 없어요.

미디어에서 새로운 사람과 만나 대화하고, 게시물을 올리거나 댓글을 달며 소통하면 실제로 친구와 얼굴을 보며 대화하는 시간은 줄어들고 결국 침대에 누워 스마트폰만 보면서 혼자 지내는 시간이 늘죠. 댓글이나 '좋아요'도 충분히 좋은 소통인 것은 맞지만, 실제로 대화하면서 상대방의 표정과 억양을 헤아리고 깊은 대화를 이어 나가는 경험이 매우 중요하다는 것을 잊어서는 안 돼요.

내가 스마트폰을 얼마나 사용하는지 궁금하다고요? 모든 스마트폰에는 내가 얼마나, 어떻게 사용하는지 보여 주는 앱이 있어요. 안드로이드 휴대전화는 '디지털 웰빙', IOS 휴대전화는 '스크린타임'이라는 앱을 실행해 보세요. 내가 하루에 어떤 앱을 얼마나 사용하는지 한눈에 알 수 있어요. 만약 여러분이 스마트폰 사용 시간을 줄이고 싶다면 사용 시간에 제한을 둘 수도 있어요. 온라인에서의 적절한 로그아웃은 온라인 삶과 오프라인 삶 사이에 건강한 조화를 가져다줄 거예요.

미디어 세계로의 새로운 출발

 복잡하고 다양한 미디어 세계를 모두 둘러보았어요. 이제 우리 모두 디지털 시민이 되었을까요? 두 친구의 이야기를 듣고 자신의 생각을 정리해 봐요.

A 책을 다 읽고 나니까 미디어 세계가 더 무서워졌어. 혹시 이것도 다 허위 조작 정보 아닐까? SNS를 하면 우울증에 걸리기 쉽다는데…. SNS를 탈퇴해야겠어. 유튜브도 한번 빠지면 알고리즘 때문에 끝도 없이 보게 된다는데…. 나도 이미 유튜브에 중독된 건 아닐까? 걱정이 너무 많아.

B 드디어 책을 다 읽었군. 이제 나는 현명하고 안전한 디지털 시민이니까 미디어를 마음껏 이용해도 되겠지? 일단 엄마한테 휴대전화 잠금부터 풀어 달라고 해야겠어. 엄마가 잔소리하면 이 책 다 읽었으니까 걱정하지 말라고 해야지!

생각해 봐요!

미디어에 대해 더 잘 알게 되어 자신감이 생기고 디지털 시민으로서 뿌듯함도 느꼈을 거예요. 하지만 A 친구처럼 미디어가 더 무섭게 느껴지거나, B 친구처럼 이 책만 믿고 미디어를 너무 단순하게 생각할 수도 있어요.

미디어가 무섭게 느껴진다면, 그건 칭찬할 일이에요. 그만큼 미디어에 도사리고 있는 위험을 잘 알고 있다는 뜻이니까요. 하지만 칼이 무섭다고 사용하지 않는다면 아픈 사람을 수술할 수도 없고, 맛있는 음식을 요리할 수도 없겠죠. 미디어도 마찬가지예요. 불안해하지만 말고, 위험을 극복하려는 의지를 가지고 실천해 보세요. 유튜브 속 정보를 한 번쯤 의심해 보거나, 자신의 카카오톡 프로필에 개인 정보가 있는지 확인해 봐요. 작은 실천이 쌓이면 미디어를 안전하고 즐겁게 누리고 있는 자신을 발견할 수 있답니다.

B 친구처럼 이 책을 미디어의 만병통치약처럼 생각한다면 진정한 디지털 시민이라고 할 수 없어요. 디지털 시민이라면 반드시 디지털 미디어 리터러시를 갖추어야 하는데, 이 책을 다 읽었다고 해도 디지털 미디어 리터러시가 저절로 생기지 않아요. 디지털 미디어 리터러시는 습관과 같아서 몸에 배기까지 꾸준히 복습하고 실천하는 노력이 필요해요. 이 책은 시작일 뿐, 진짜 디지털 미디어 리터러시는 이 책을 덮은 후에 내가 스스로 만들어 가야 한답니다.

디지털 시민 체크리스트

항목	O	X
✦ 미디어란 메시지를 전달하는 수단이자 다른 사람이나 콘텐츠를 만나는 하나의 세계라는 것을 알고 있나요?	O	X
✦ 미디어는 아주 오래전부터 있었다는 것을 알고 있나요?	O	X
✦ 미디어에 나오는 장면과 실제 상황이 다를 수 있다는 것을 알고 있나요?	O	X
✦ 뉴스에는 만드는 사람의 생각이 들어 있다는 것을 알고 있나요?	O	X
✦ 내가 좋아하는 것과 관련된 온라인 커뮤니티를 찾아 이용한 적이 있나요?	O	X
✦ 소셜미디어에서 친구를 만나 대화한 적이 있나요?	O	X
✦ 미디어 알고리즘이 추천한 영상을 보고, 좋은 영상인지 아닌지 스스로 점검할 수 있나요?	O	X
✦ 동영상이나 사진도 디지털 기술을 통해 얼마든지 조작될 수 있다는 것을 알고 있나요?	O	X
✦ 미디어에 숨겨진 차별과 혐오 표현을 찾아낼 수 있나요?	O	X
✦ 허위 조작 정보를 발견했을 때 어떻게 대처해야 하는지 알고 있나요?	O	X
✦ 미디어를 이용할 때, 광고 업체로부터 내 정보를 지키는 방법을 알고 있나요?	O	X
✦ 우리가 살아가는 세상을 아름답게 가꾸기 위해 미디어에서 캠페인을 실천할 수 있나요?	O	X

▶ O의 개수를 세어 봐요.

0~3개
천리 길도 한 걸음부터! 하나하나 차근차근 배워 가요.

4~8개
조금만 더 노력하면 디지털 시민이 될 수 있어요.

9개 이상
아주 좋아요! 이제 어엿한 디지털 시민이 되었군요!

디지털 시민증을 수여합니다

▶ 디지털 미디어 리터러시를 실천하기 위해 올바른 습관을 기르고 꾸준히 노력하는 여러분을 응원합니다.